**Janonismo Cultural**

*André Janones*

# Janonismo Cultural

## O uso das redes sociais e a batalha pela democracia no Brasil

1ª edição

Rio de Janeiro
2023

A arapuca está armada
E não adianta de fora protestar
Quando se quer entrar num buraco de rato
De rato você tem que transar"

Raul Seixas em sua
*As aventuras de Raul Seixas na Cidade de Thor*

# Sumário

| | |
|---|---|
| **Apresentação** | **9** |
| **Prefácio** | **13** |
| **1.** Vamos atropelar | **23** |
| **2.** "Qual papel você quer ter nos próximos quatro anos?" | **33** |
| **3.** O poder da *live* | **39** |
| **4.** Efeito auxílio | **55** |
| **5.** Influencer não, político | **71** |
| **6.** André quem? Como cheguei até aqui | **83** |
| **7.** Tocando o gado | **101** |
| **8.** Janones, eu autorizo | **115** |
| **9.** Toca Raul! | **129** |
| **10.** As frentes táticas | **141** |
| **11.** Desestabilizando Jair Bolsonaro | **153** |
| **12.** O celular de Bebianno | **165** |

# Apresentação

*Paula Lavigne*

O mundo não está para ponderações. Hoje quem domina a narrativa tem o poder. Entender a importância da comunicação contemporânea e acompanhar as mudanças de nosso tempo são atos fundamentais do presente. É necessário perceber que a política atual acontece primeiro nas telas de nossos telefones.

As redes sociais — cada uma com suas especificidades e seu público-alvo — foram determinantes na ascensão de Donald Trump e na aprovação do Brexit em 2016, e na eleição de Jair Bolsonaro em 2018. A máquina de *fake news*, memes e *bots* criada por essas campanhas foi muito eficaz, pois eles perceberam que na internet a vida funciona em outro ritmo. Além de ser rápido, espontâneo, antenado, não ser engessado e falar diretamente com o eleitor, é necessário criar e dominar as "novelas" da vida real.

## JANONISMO CULTURAL

Os seres humanos são contadores de histórias natos; damos sentido ao mundo por meio de histórias, até racionalizamos por elas. Assim, é demasiado fácil manipular e enganar populações inteiras alterando a maneira como se conta algo ou o conteúdo em si.

André Janones — que traz aqui um livro metade manual de comunicação contemporânea sobre o uso de redes sociais, metade bastidores da campanha de 2022 — é um comunicador excelente da contemporaneidade. Seu papel e sua visão foram determinantes para a mais recente campanha de Lula e sua eleição.

Ao não deixar que se ditem as regras e ao pautar a comunicação, ele segura em suas mãos a(s) história(s) de seu tempo. Em suas claras palavras, ele cita exemplos de sua tática, o Janonismo Cultural, e a ilustra com suas atitudes na prática, tecendo essa teia narrativa durante toda a sua carreira política.

Ao entender que no on-line tudo muda a toda hora e pode imediatamente ser amplificado, transformado, editado, remixado, tirado de contexto, viralizado e "memeficado", Janones é um político e um comunicador de hoje, porque ele se adapta, sendo uma metamorfose constante de aprendizado.

# Prefácio

*Eduardo Moreira*

Era maio de 2019. Eu estava envolvido até o pescoço na discussão sobre a reforma da Previdência que tramitava no Congresso Nacional. Um debate acalorado dividia a sociedade entre os que lutavam para manter direitos de trabalhadores e aposentados preservados e aqueles que defendiam ser necessário um corte brutal nos benefícios oferecidos pelo sistema previdenciário para (supostamente) ajustar as contas públicas. De um lado, sindicatos, associações, partidos progressistas e intelectuais. Do outro lado, donos de empresas, partidos de direita e, principalmente, todos os veículos de imprensa da "grande mídia".

Minha participação no debate havia começado modesta, com uma apresentação preparada a pedido do senador Paulo Paim (PT-RS) diante da Comissão de Direitos Humanos do Senado Federal (CDH), com a presença de poucos senadores e representantes da sociedade civil. Trechos dessa apresentação, porém, viralizaram nas redes sociais (mais especificamente os que mostravam como os trabalhadores mais pobres seriam desproporcionalmente afetados pela reforma) e passei a ser chamado para várias entrevistas e debates, tornando-me um dos principais personagens na defesa dos direitos dos trabalhadores.

No dia 19 desse mês de maio, em meio às discussões cada vez mais intensas, recebo por WhatsApp uma mensagem de minha assistente que dizia: "Oi, Edu, recebi uma ligação do gabinete do deputado federal André Janones, que quer se encontrar com você com certa urgência." Eu nunca tinha ouvido falar desse deputado nem de seu partido, o Avante. Fui pesquisar seu nome na internet e me impressionei com o número de seguidores e com as milhões de visualizações que seus vídeos tinham no Facebook. Ele tinha um estilo um tanto agressivo e excêntrico em suas falas. O que em muitos poderia gerar algum tipo de aversão, em mim gerou interesse e curiosidade. Topei a conversa.

Quando nos encontramos, em Brasília, André Janones foi extremamente cordial e atencioso, bem diferente da *persona* com a qual havia me deparado

## PREFÁCIO

quando pesquisei seu nome na internet. Por outro lado, suas pautas eram exatamente aquelas que apareciam nos vídeos: as questões referentes ao povo trabalhador. É sempre uma grata surpresa descobrir homens públicos que, longe dos holofotes e das câmeras, demonstram ter um interesse genuíno por aquilo que pregam. Naquela ocasião em especial, seu tema de interesse era a reforma da Previdência. Mais especificamente minha visão sobre o estrago que a reforma poderia trazer aos direitos dos trabalhadores.

"Eduardo", disse-me o deputado em seu gabinete, "eu assisti a seus vídeos e sua exposição sobre a reforma da Previdência na CDH. Você poderia me dar uma aula sobre os pontos de preocupação que você trouxe para que eu possa compreendê-los no detalhe?" A humildade e vontade de aprender de André Janones (características que se mostraram ainda mais fortes ao longo dos anos que se seguiram em nossa amizade) me conquistaram naquele momento. Havia, porém, outra qualidade do deputado que só pude conhecer alguns dias depois de nossa primeira conversa, e que hoje vejo ser ainda maior que sua humildade e vontade de aprender: a coragem. Convencido por tudo que leu e estudou sobre a reforma da Previdência (espero ter tido alguma participação nisso) Janones se posicionou publicamente contra ela. Como sua base era menos ideológica e mais "midiática" e seu partido não tinha alinhamento claro com a direita nem com a esquerda, muitos de seus seguidores, influenciados pela grande mídia, eram favoráveis à reforma. Não foram poucas as críticas que recebeu de sua base, mas em momento algum ele titubeou; estava convencido que o que estava defendendo era o melhor para os trabalhadores.

Pouco a pouco fomos desenvolvendo uma relação de confiança e amizade, e outros temas econômicos passaram a fazer parte de nossas conversas. Suas redes sociais não paravam de crescer e seu nome começava a ficar conhecido fora do universo "facebookiano". André Janones ficava cada vez mais "afiado", tanto na forma quanto no conteúdo. Eu me perguntava qual seria seu próximo voo. Trocar de partido? Candidatar-se a prefeito de Belo Horizonte? A governador de Minas Gerais, talvez? Eis que ele surpreende a todos e se lança como pré-candidato à Presidência da República!

Para muitos o anúncio foi motivo de chacota. Não tinham ideia do erro que estavam cometendo em suas análises precipitadas. André Janones viria a se tornar um dos maiores responsáveis pela derrota do fascismo no Brasil, escrevendo para sempre seu nome na história. Eu, desde o anúncio, sabia que sua candidatura era um

## PREFÁCIO

dos fatos novos mais importantes daquele pleito. Enquanto nomes que traziam uma montanha de recursos e uma enorme estrutura partidária por trás, como o do governador de São Paulo João Doria e do ex-juiz Sergio Moro, tinham dificuldade de decolar, André Janones subia nas intenções de voto a cada nova pesquisa que era divulgada, tendo atingido impressionantes 4% a poucos meses da eleição.

Restava, porém, uma dúvida: no caso do provável segundo turno que se desenhava entre os candidatos Luiz Inácio Lula da Silva e Jair Bolsonaro, quem Janones apoiaria? Aquela resposta, para mim, poderia valer a eleição. Lembro que em março de 2022 fiz um vídeo com o título "André Janones pode ser o fiel da balança nestas eleições" e postei em minhas redes. Fui atropelado por um caminhão de críticas, curiosamente quase todas vindo de eleitores da esquerda, que tinham ainda dificuldade de entender a importância do apoio de Janones para a vitória naquela eleição.

Ele não trazia apenas os 2% a 4% de eleitores que as pesquisas mostravam. André Janones trazia uma capacidade sem paralelo no Brasil de entender o funcionamento das redes sociais e, portanto, saber como usá-las naquela disputa. Por sinal, era esse o calcanhar de aquiles da campanha de Lula. Eu tinha também

## JANONISMO CULTURAL

esta dúvida: quem Janones apoiaria em um eventual segundo turno entre Lula e Bolsonaro? Não por duvidar de sua índole, mas por entender que, na política, são muitas as variáveis que levam alguém a apoiar este ou aquele candidato, como os interesses do partido do qual faz parte, por exemplo. Foi então que, ao final de uma conversa de horas que tivemos em minha casa, fui direto ao ponto: "Meu amigo, preciso te perguntar uma coisa. Seguirei te ajudando em tudo aquilo que eu puder pois vejo em você uma vontade genuína de construir uma carreira política bem-intencionada. O país, contudo, não aguenta mais a destruição pela qual está passando. O autoritarismo e os ataques deste governo não param de crescer. Eu mesmo já fui vítima desses ataques e temo pelo que posso sofrer se as coisas continuarem nesse rumo. Minha questão é: se tivermos um segundo turno entre Lula e Bolsonaro, quem você vai apoiar?"

Janones não vacilou e imediatamente respondeu: "Amigo, tenha a certeza que, se isso acontecer, eu ficarei ao lado da democracia." Dei um sorriso. Estava dito o que eu precisava saber. E assim ele fez poucos meses depois, renunciando a sua candidatura e apoiando a de Lula. Aliás, não apenas apoiando, mas mergulhando de cabeça e transformando aquela disputa na missão

## PREFÁCIO

mais importante de sua vida. O tempo mostrou para as pessoas a importância de André Janones, e minha "profecia" feita em março se mostrou acertada, com Lula ganhando a disputa por um percentual ínfimo de votos.

Mais do que simplesmente tê-lo como um dos heróis desse momento histórico de nosso país, é importante pararmos para ouvi-lo. Aprendermos a lógica de sua atuação nas redes e de sua comunicação com o povo. André Janones é um fenômeno, um gênio intuitivo que muito tem a nos ensinar. Seguirá sendo fundamental para consolidarmos a vitória contra o fascismo e permitirmos que o povo siga tendo esperança em dias melhores. "Janonismo Cultural" é muito mais que uma expressão bem-humorada. É uma ferramenta de disputa de poder.

# 1. Vamos atropelar

Onze de julho de 2022. Cheguei ao hotel em que estava hospedado em São Paulo, depois de uma bem-sucedida entrevista ao podcast *O Assunto*, com a renomada jor nalista Renata Lo Prete. Depois de seis meses viajando o Brasil em uma ousada pré-candidatura presidencial, sentia que a campanha estava crescendo. Após atingir 3% na pesquisa Datafolha, eu aparecia em segundo lugar, empatado tecnicamente com Jair Bolsonaro, com intenções de voto concentradas majoritariamente entre as pessoas mais carentes, que recebem até um salário mínimo, um estrato populacional do qual sempre atuei a favor, até muito antes de ser deputado, ainda como advogado. Peguei o elevador e subi eufórico até meu quarto. O bom desempenho nas pesquisas, à frente de nomes muito mais badalados pela mídia — como

## JANONISMO CULTURAL

Simone Tebet, João Doria, Eduardo Leite e outros —
me fez crer que, no mais modesto dos cenários, eu
conseguiria, com a disputa à Presidência, "furar a bolha"
e falar para além do público que já me acompanhava
nas redes havia mais de uma década. Cheguei ao nono
andar, onde estava hospedado. O relógio marcava
19h46. Abri a porta, tirei meus sapatos e ouvi o alerta
de mensagens em meu celular. Havia um recado da
presidente nacional do Partido dos Trabalhadores, a
deputada federal Gleisi Hoffmann, com quem falara
brevemente uma única vez, três meses antes, ocasião em
que também havíamos trocado números de telefone.

*Oi, deputado, gostaria muito de falar contigo.
Estará em Brasília esta semana?!*

Não era a primeira vez que alguém ligado à campanha
do então candidato e ex-presidente Lula tentava um encontro comigo. Em todas as outras tentativas eu recusei.
Não por estrelismo, como alguns podem pensar, mas
justamente pelo motivo oposto. "Não tenho estatura
para estar frente a frente com Lula", dizia eu aos mais
próximos, pois sabia que um encontro com ele naquele
momento seria visto pela opinião pública como uma
adesão tácita à sua candidatura. Naquele dia, porém,

## VAMOS ATROPELAR

empolgado com o recente desempenho nas pesquisas e em eventos pelo país divulgando minha candidatura, decidi aceitar o convite.

Dois dias depois, em 13 de julho, às 15h em ponto, cheguei ao meu gabinete. Voltava do Salão Verde da Câmara dos Deputados, onde dera uma entrevista para a TV Record, justamente sobre a minha até então irrevogável decisão de disputar a Presidência da República.

Gleisi Hoffmann já aguardava em minha sala. Cumprimentamo-nos cordialmente e conversamos por cerca de 40 minutos. Falamos sobre amenidades, sobre a conjuntura política, os ataques à democracia perpetrados por Jair Bolsonaro, entre outros assuntos. Eu sabia que o motivo do encontro não era outro senão minha candidatura; afinal, naquele momento qualquer ponto a mais poderia ser decisivo para que Lula vencesse no primeiro turno, porém ninguém se atrevia a iniciar o tema.

Já caminhando para o fim da conversa, Gleisi Hoffmann me perguntou sobre minha candidatura e se eu estava disposto a dialogar com o partido sobre o futuro do país e sobre as eleições daquele ano. Eu disse que sim, que era um democrata e que tínhamos, apesar de algumas divergências, algo maior que nos unia, que era a defesa da democracia, a qual passava necessariamente por derrotar Jair Bolsonaro e seu projeto fascista nas urnas. Disse então a ela que preferiria falar diretamente com o próprio Lula. Ela se mostrou surpresa e disse que marcaria o encontro para o próximo sábado, em São Paulo. Ao pegar a agenda, porém, ela propôs a reunião para aquele mesmo dia:

— O presidente Lula está aqui hoje. Você não toparia um encontro com ele?

Respondi de imediato que sim, e o encontro foi marcado para as 18h, na suíte do hotel Meliá.

Durante as duas horas que separaram o fim do encontro com Gleisi Hoffmann e meu primeiro encontro com Lula, liguei para o presidente nacional do meu partido, o deputado federal Luis Tibé, para comunicar sobre a reunião, e ele me aconselhou:

— Não passe recibo, seja firme, é um encontro de presidenciável para presidenciável.

Durante esse período também recebi diversos "avisos" da minha equipe e, em especial, de colegas da política que já conheciam Lula. Diziam coisas como:

— Se você for, sua candidatura já era. É impossível resistir ao poder sedutor dele.

O temor das pessoas mais próximas a mim fazia sentido. É que elas sabiam da minha origem e do que Lula sempre representou pra mim. De família humilde,

## VAMOS ATROPELAR

filho de mãe doméstica e pai cadeirante, desde criança me interessava por política, mesmo sem ter ninguém na família ou em meu ciclo que sequer conhecia sobre o assunto. Na infância, colecionava santinhos. Na adolescência, esperava ansiosamente pelas eleições. Assistia atentamente ao horário eleitoral gratuito e sempre batia à porta do comitê de algum candidato pedindo santinhos para entregar de casa em casa. Foi justamente nessa época que comecei a sentir mais fortemente na pele os reflexos da desigualdade social no nosso país e passei a enxergar na figura de Lula uma inspiração. De todos a que eu assistia na TV, ele era o único que me transmitia verdade, me tocava, me emocionava e, principalmente, me inspirava. Recordo que, quando era estudante de Direito, trabalhando como cobrador de ônibus, gastava minhas poucas horas de descanso — já que chegava em casa lá pelas 23h e às 4h30 tinha que estar de pé para começar o dia — ouvindo seus discursos.

Nessa época eu ainda não entendia muito bem a ideologia que Lula e o PT representavam nem a que se propunham. O que me inspirava era a trajetória de superação, a história de vida do imigrante nordestino, de família pobre, que passou fome, foi perseguido pela ditadura militar, chegou a São Paulo em um pau de arara e que ainda assim se permitia sonhar ser presente da República. Sempre digo às pessoas que nunca deixem que os outros limitem seus sonhos, que nunca permitam que ninguém ria delas ou diga até onde se pode sonhar. Escrevendo este livro, pela primeira vez tenho a impressão de que essa ousadia de sonhar alto, muito mais alto do que os outros me diziam que eu podia sonhar (basta lembrar que lancei uma candidatura à Presidência da República), talvez também tenha tido Lula como inspiração.

Voltemos a 13 de julho de 2022. Cheguei ao hotel pontualmente às 18h, entrei pelo estacionamento e fui levado diretamente à suíte. Estava acompanhado de dois assessores, que foram barrados na porta, e assim entrei sozinho. Fui recebido por Gleisi Hoffmann e pelo ex--governador do Acre Jorge Viana (únicas testemunhas oculares desse encontro). Havia ainda na suíte alguns seguranças e outras pessoas, o que era possível perceber pelos ruídos e pelas conversas que se ouvia de longe.

Conversamos por cerca de cinco minutos, até que ouvi aquela voz rouca e inconfundível. Não tinha dúvida, era ele: Luiz Inácio Lula da Silva. Alguns segundos se passaram e o vi à minha esquerda, de camisa branca e gravata. Ele veio em minha direção com a expressão séria, não esboçou nenhum sorriso, apenas me estendendo a mão com um curto cumprimento:

— Como vai, senhor Janones?

Do lado de Lula, Jorge Viana; do meu lado, Gleisi Hoffmann. Um silêncio tomou conta da sala por alguns segundos. Até que ele, com a expressão séria e o olhar compenetrado, absolutamente diferente do que eu imaginara, dirigiu-se a Gleisi Hoffmann e disse:

— E aí, dona Gleisi?

Nesse momento ela tomou a palavra e começou a falar sobre o convite que me fez para estar ali, porém eu a impedi:

— Gleisi, peço perdão por interromper, mas não posso iniciar esta reunião sem antes dizer o significado que tem para mim estar frente a frente com o maior líder político vivo deste país e um dos maiores estadistas da história da política mundial. Antes de vir me encontrar com o senhor, todos me aconselharam a não dizer isso que estou dizendo, porém cheguei até aqui seguindo meu coração e mais uma vez é isso que estou fazendo. Não conseguiria sair daqui e dormir tranquilo se eu fingisse que não foi o senhor quem me inspirou a lutar contra a pobreza e que me mostrou que eu poderia mudar a realidade à minha volta. Não seria honesto esconder isso. Então, se hoje estou dando os primeiros passos nessa luta pra acabar com a fome e diminuir a desigualdade neste país, é porque o senhor me inspirou.

A essa altura, a expressão séria tinha dado lugar a um largo sorriso. Sua gravata já tinha sido afrouxada e sua posição no sofá já era de relaxamento. Encerrei minha fala colocando em prática, pelo menos em parte, os conselhos que recebi sobre não me deixar levar pela emoção e lembrar a mim mesmo que estava ali como presidenciável. Olhei pra Lula e disse:

— Bom, dito isso, afirmo ao senhor que sou candidato à Presidência da República e que vou até o final com minha candidatura. Espero que tenhamos uma convivência democrática e de respeito durante a disputa.

A partir dali, conversamos por 40 minutos. Lula disse que admirava minha trajetória e que naquele momento se sentia muito orgulhoso em saber que a havia inspirado. Contou histórias e *causos* e em nenhum momento fez qualquer pedido ou menção à possibilidade de retirada da minha candidatura. Fez apenas um "pedido" com ares de reflexão:

— Janones, não existe ninguém neste país com menos autoridade moral para pedir que você não seja candidato a presidente. Eu jamais pediria isso. Primeiro porque, se eu fosse atender aos que diziam que eu deveria deixar a disputa à Presidência para me candidatar

VAMOS ATROPELAR

às eleições pra deputado, senador, prefeito etc., eu não teria sido presidente deste país por duas vezes. Segundo porque você não tem que responder se quer ou não ser candidato a presidente do Brasil. É claro que você quer, qualquer um que esteja na política quer essa oportunidade. Então, Janones, o que você precisa responder, e este é o pedido que vou fazer, que você reflita e responda para si mesmo: qual papel você quer ter na defesa da democracia do nosso país pelos próximos quatro anos? É só isso que quero, que você reflita sobre isso.

Nós nos levantamos. Pedi que o encontro fosse mantido em sigilo, afinal ainda sentia não ter estatura para um encontro como aquele na condição de presidenciável e, como a intenção era manter minha candidatura até o final, isso poderia me fragilizar. Pedi uma foto quando Lula chamou à sala seu mais próximo assessor e amigo: o fotógrafo Ricardo Stuckert.

Stuckert fez a foto, e em seguida, antes de nos despedirmos e eu voltar para a câmara, pedi uma *selfie*.

## 2. "Qual papel você quer ter nos próximos quatro anos?"

Os registros daquele meu primeiro encontro com Lula carregam muitos símbolos. Para mim, representam muita coisa. Uma fotografia formal registrada pela câmera profissional de Ricardo Stuckert em contraponto à *selfie* despojada que preferi tirar com meu celular. Aquela reunião foi mantida em sigilo até o dia 25 de julho, quando eu mesmo a revelei ao vivo, em rede nacional, durante a sabatina realizada pela emissora GloboNews.

Aqueles dias foram cruciais, eu estava numa crescente e minha atuação na sabatina repercutiu bem demais. Tão bem que recebi uma ligação de Gleisi Hoffmann para elogiar meu desempenho em nome de Lula.

A partir daí, houve uma virada de chave. Mesmo eu não tendo vazado essa ligação, a revista *Veja* noticiou o fato dois dias depois. Enquanto isso, via Twitter, Gleisi

## JANONISMO CULTURAL

Hoffmann me elogiava publicamente. Eu respondia com gentileza. E assim se configurava o tal "flerte público de Lula com André Janones", conforme definiria a própria revista *Veja*, no dia 28 de julho, sobre as investidas dele sobre mim naquela etapa da campanha presidencial.

No dia seguinte, a caminho do Rio de Janeiro para o evento de lançamento da minha candidatura pelo Avante, acabei por mover de vez as peças do tabuleiro ao publicar no Twitter: "Bolsonaro me bloqueou, Ciro não aceitou encontrar comigo, Tebet ignorou por completo minha existência, enquanto aquele que lidera as pesquisas pediu publicamente para conversar comigo. Humildade e democracia andam lado a lado. Convite aceito. Vamos conversar, Lula." Ao que Lula logo respondeu: "Combinado. Política se faz com diálogo e juntando pessoas pelo bem comum. Vou te ligar." Alguns minutos se passaram e meu telefone vibrou. Era uma mensagem dizendo que o presidente me ligaria às 17h30.

Pontualmente no horário marcado o telefone tocou, mostrando o número de Gleisi Hoffmann. Atendi e quem me respondeu foi o próprio Lula, que não tem celular. A conversa foi muito breve. Ele elogiou bastante meu desempenho na sabatina e sugeriu, de um jeito respeitoso, que ainda era tempo de retirar minha can-

## "QUAL PAPEL VOCÊ QUER TER NOS PRÓXIMOS QUATRO ANOS?"

didatura. Encerrou se colocando à disposição de meus pleitos. Eu já me decidi naquele momento mesmo, porém apenas agradeci a ligação e disse que tocaria os próximos trâmites diretamente com Gleisi Hoffmann.

Estava tudo implícito. Eu ainda não tinha verbalizado nada sobre minha decisão, mas a partir dali começariam as tratativas de aproximação com o PT.

Naquele momento, foi inevitável olhar para trás e rever minha trajetória como filho de empregada doméstica que estudou sempre em escola pública e teve que batalhar por tudo. Fui cobrador de ônibus e trabalhei muito para conseguir me formar em Direito. Saí do interior de Minas Gerais sem padrinho nem condição favorável alguma para entrar na política. Olhando em retrospecto, penso em como tudo começou um pouco por acaso, um pouco por destino e bastante por vocação e apelo popular.

Um parêntese: em setembro de 2020, fui convidado para conhecer o trabalho de um pastor deputado federal do Avante, na Bahia. Em cada esquina em que passávamos alguém me reconhecia, gritando meu nome — "Oxente! Ó lá o Janones!" — e acenava para mim. O presidente do partido ficou me olhando de boca aberta, perguntou se eu tinha combinado com aquelas pessoas, quis saber como tanta gente me conhecia na Bahia.

## JANONISMO CULTURAL

— Uai! Da rede social! No Facebook, Salvador é vizinha de Ituiutaba! — respondi.

Ali ficou evidente a capilaridade nacional do meu alcance, o quão palpável, real, era meu engajamento popular no meio digital. Foi nessa viagem à Bahia que o Partido Avante começou a considerar a possibilidade de um dia me lançar como candidato à Presidência. Desde jovem, quando passei a me atentar para as dificuldades de realidades duras como a minha, sempre carreguei comigo uma enorme vontade de fazer algo pelo povo brasileiro, em busca de uma realidade menos desigual e mais humana. Por isso, longe de jogar a toalha, não ir adiante com a minha candidatura foi uma decisão tomada em prol do que havia de mais objetivo a se fazer naquele momento pelo país.

Logo no início das negociações com o PT, deixei claro que não tinha qualquer intenção de ganhar cargo no governo. Seguir com meu mandato como deputado, cargo para o qual fui eleito pelo povo, sempre foi prioridade para mim. O que me parecia legítimo era reivindicar espaço na Câmara para poder atuar melhor pelas pautas que defendo. Ter influência não só da porta da Câmara para fora é muito importante para o trabalho como deputado. Por isso, falar e ser ouvido pelo presidente, ter projetos de lei endossados pelo governo eram para mim condições estratégicas e fundamentais.

## "QUAL PAPEL VOCÊ QUER TER NOS PRÓXIMOS QUATRO ANOS?"

Havia ainda três pontos da minha campanha que eu gostaria que fossem mantidos. Primeiro: auxílio no valor de 600 reais — até aquele momento, isso não constava do programa do governo Lula — e auxílio dobrado para mães solo — algo que foi atendido em termos, com os 150 reais adicionais para todas as mães. Segundo: meios efetivos de dar vazão à Lei de Inclusão da Pessoa com Deficiência. Terceiro: criação de uma estrutura exclusiva no Ministério da Saúde para tratar de saúde mental — um tema caríssimo para mim.

Conforme passei a dialogar com o PT, ficou muito evidente para mim quanto meu papel, principalmente no que tangia à estratégia digital, seria fundamental para derrotarmos o bolsonarismo. Cheguei a ouvir algo como: "A gente sabe que não vai ganhar nas redes nem se igualar a eles, mas a gente precisa diminuir a diferença..." E logo interrompi essa fala em desaprovação. Afinal, sei como as redes funcionam. Não existe genialidade nem nada de outro mundo que não pudéssemos replicar, a questão era entendermos os mecanismos pelos quais as redes operam. Por isso, eu sabia que ao começarmos a trabalhar em conjunto nós não iríamos empatar com o bolsonarismo, não iríamos diminuir a diferença, nós estávamos era prestes a vencê--los, atropelá-los!

# 3. O poder da *live*

As redes sociais e a vida digital como um todo pautariam aquela campanha presidencial. Isso já era dado desde a eleição de 2018 e tudo só se intensificaria em 2022. Estávamos na metade do ano, caminhando para o outubro mais definidor da história recente do país, e ainda havia muita gente que ignorava o poder da internet. Havia também os que não chegavam a ignorar esse poder, mas tampouco lhe davam a devida atenção. Ganharia aquelas eleições quem soubesse usá-lo melhor a seu favor. Ainda assim havia quem já desse como perdida a guerra, como se o bolsonarismo detivesse o poder da internet com exclusividade. Não, de jeito nenhum. A esquerda também podia, e devia!, dominar esse campo antes que fosse tarde.

Cada plataforma on-line tem seu público e requer sua própria dinâmica de atuação. Uma rede a que boa parte do campo progressista não estava mais dando muita bola nos últimos anos foi, para mim, uma ponte com o Brasil mais profundo: o Facebook. Tive acesso a pessoas que não seriam alcançadas fora dali. É importante termos em mente que o Facebook é uma rede muito estratégica para o eleitorado brasileiro, afinal é lá que estão as classes c e d. Portanto, é no Facebook que está nosso povo. E teve algo nessa plataforma que me permitiu não só acessar essas pessoas como realmente me conectar com elas: as *lives*.

Uma das ferramentas mais poderosas da política recente foram as *lives*. Não é para menos. Afinal, você está rolando o *feed* passivamente quando, de repente, surge na sua tela uma notificação com pop-up, barulhinho e tudo o mais: ANDRÉ JANONES ESTÁ AO VIVO! A apenas um clique de distância. É muito simples, quase automático, entrar para saber do que se trata. É justamente essa facilidade que é tão poderosa e também perigosa. Depende de quem está produzindo aquele conteúdo tão acessível e até magnético. "Kit gay", "mamadeira de piroca" e demais sandices eram resultado disso, sabíamos. Sabíamos também que era importante atuar mais e melhor nesse campo. E logo.

É curioso as gerações mais velhas tratarem as redes sociais como um grande mistério, algo impossível de

**O PODER DA *LIVE***

ser entendido, porque muitas das regras que valem para a televisão e o rádio também se aplicam às mídias virtuais. Não se trata de algo de outro mundo nem de uma segunda vida. As redes são, na realidade, ferramentas de comunicação. Nelas, é possível comunicar *de tudo*, mas não tudo! O que aparece lá é fruto de escolhas. Seus usuários selecionam quais facetas da vida mostrar por lá; todos são personagens de si mesmos — vou me aprofundar nesse ponto mais adiante. Nas redes sociais, assim como na TV, há uma briga constante por audiência.

Por isso, dentre todas as coisas que você pode fazer dentro do Facebook, iniciar uma *live* é o que mais vai chamar a atenção das pessoas. É de alguma serventia, então, anunciar que se vai fazer uma *live* no Facebook? Não! Tirei essa dúvida empiricamente — aliás, tudo o que sei a respeito da internet aprendi por meio de tentativa e erro, nunca li nada sobre como ter sucesso nas redes.

Em 2021, fiz uma mobilização gigantesca para uma *live* no Facebook, passei a semana inteira falando do assunto. O que aconteceu? Tive o mesmíssimo número de visualizações que teria se não tivesse me mobilizado, porque ninguém se programa para assistir a uma *live* no Facebook. Já no YouTube o caso é diferente. O YouTube

## JANONISMO CULTURAL

não tem *feed*, e isso faz toda a diferença: as pessoas vão atrás do conteúdo que querem, não são atraídas por notificações, como é o caso do Facebook.

Levando em conta toda essa noção que eu tinha do alcance do Facebook e do poder da *live*, não estava ligando tanto para a coletiva de imprensa que aconteceria em breve, no dia 4 de agosto, para anunciarmos, Lula e eu, a união de nossas candidaturas. O importante para mim não era o papo com os jornalistas, mas a *live* que eu faria no meu Facebook. Prevenido, já tinha deixado Gleisi Hoffmann de sobreaviso sobre essa minha estratégia.

Um ponto importante de registrar aqui é que eu nunca considerei que desisti da minha candidatura, mas que a uni à de Lula.

Depois de uma semana de costuras, marcamos de fazer o anúncio no prédio onde ficava o comitê de campanha, em São Paulo. Ali eu tive uma primeira amostra da expectativa que tinham o PT e os mais próximos a Lula com a minha chegada na campanha. Estavam reunidos os grandes quadros do partido. Todos falavam que o PT estava estendendo o tapete para mim. E eu me sentia assim mesmo. Vinham até mim as principais lideranças regionais, a cúpula mesmo do partido, pessoas que eu nem conhecia pessoalmente. Janja estava

## O PODER DA *LIVE*

presente e foi muito acolhedora, assim como Lula, que apareceu de um jeito caloroso, bem receptivo.

Lula é muito bom de papo e a conversa sempre gira em torno de política, casos antigos ou recentes. É incrível como ele tem o poder de sustentar um papo ótimo sem tocar no assunto principal, até começar a introduzi-lo aos poucos ao longo da conversa. Nesse primeiro momento, mais informal, ele começou a fazer perguntas sobre redes sociais. Ainda não estava claro como eu contribuiria com a campanha, mas comecei a falar sobre esse tema. O curioso de esse interesse partir dele é que Lula sequer tem celular. Mas ele gosta de saber de tudo, questiona muito. E escuta suas respostas com atenção. Lula nunca faz uma pergunta se não estiver disposto a escutar a resposta.

Por acaso, naqueles dias havia sido publicada uma montagem com duas fotos do presidente com uma mesma eleitora em anos diferentes. Dei o exemplo para ele: o conteúdo era ótimo, o problema — e aqui vai uma dica — era que a colagem tinha interferências se sobrepondo à imagem — logo, data etc. Se não tivesse nada disso, o alcance da publicação seria muito maior. Quanto menor a produção de uma imagem, maior o impacto que ela causa. Isso vale para Facebook e Instagram.

# JANONISMO CULTURAL

Foi naquela breve conversa, pouco antes de oficializarmos a união das candidaturas, que comecei a imaginar como eu faria a diferença na campanha. Mal havíamos sinalizado minha participação e eu já estava dando pitacos na comunicação digital.

Tudo ia bem até nos levantarmos para falar com a imprensa. Mas e a *live*? — era a pergunta que não saía da minha cabeça. Eu sempre me comuniquei nas redes, construí minhas candidaturas e meu mandato no Facebook, não tinha sentido não dar aquela notícia em primeira mão. Como fazer todos concordarem com isso? Gleisi Hoffmann já estava de acordo, mas como convencer Lula? Primeiro ele disse para eu combinar com Stuckert e mencionou algo sobre vídeo em estúdio. Vídeo em estúdio? Definitivamente não. Nenhum vídeo em estúdio vai ter mais engajamento do que uma *live* improvisada.

Vídeo com câmera profissional é bonito, um luxo, mas não é para o Facebook. E por que não? Qual a lógica por trás disso? A lógica de uma empresa privada: o Facebook não quer que você gaste 200 mil produzindo um vídeo, ele quer que você gaste 200 mil impulsionando seu conteúdo, não importa a qualidade estética dele. Quanto mais caseiro, mais o algoritmo vai possibilitar a entrega e mais visualizações você terá. É exatamente a mesma lógica da foto profissional *versus* a foto informal. Mais do que não exigir a perfeição, as redes sociais, principalmente o Facebook, repudiam a perfeição. Em uma *live*, por exemplo, o importante é admitir o erro. Não tem problema algum errar uma palavra, tropeçar em alguma informação e depois pedir desculpa. Não tem problema mostrar os bastidores, pedir um copo d'água no meio da *live*. Quanto mais natural soar, melhor.

Aqui, TV e redes sociais não coincidem. Nesse aspecto, não leve o formato de TV para as redes sociais, especialmente para o Facebook. É um erro crasso. Por isso resolvi bater o pé. Protestei pela *live*.

— Estamos com a imprensa toda nos esperando, vamos lá e depois conversamos — disse Lula.

— Não, presidente! Precisamos fazer uma *live*. Tem que ser agora, não depois de falar com a imprensa. O senhor é o Lula, o senhor que tem que pautar a imprensa, e não o contrário!

Fui ousado porque tinha convicção de que começar sem uma *live* seria começar errando… No meio do impasse, foi justamente Stuckert, o fotógrafo profissional de Lula, que me puxou de lado e perguntou do que eu precisava. Expliquei: uma *live*, simples, de no máximo cinco minutos, sem produção, sem cenário, naquela hora mesmo, de improviso. Para meu alívio, ele entendeu o espírito da coisa. E pude ver, pela primeira vez, o jeito como ele e Lula se entendem.

Mesmo com todos endossando a importância da *live*, Lula permanecia ansioso querendo falar logo com a imprensa. Foi então que Stuckert pegou o presidente pelo braço e, sem dizer para onde iam, foi conduzindo Lula para uma sala. Com um sinal de cabeça, mostrou que era para eu segui-los. Algo na dinâmica entre eles ali, naquela caminhada, já denunciava o clima de cooperação.

Em instantes já estava tudo pronto para começar a *live*. Eis que Stuckert pegou o iPhone que eu tinha colocado em cima de uma mesa, apoiado em um copo d'água, e protestei:

— Não, não. O celular fica apoiado na mesa. Não precisa filmar, Stuckert.

— Mas vai ficar feio!

— Sim, esse é o objetivo!

Foi aí que comecei a praticamente discursar sobre o fato de *live* ser vida real. Precisa ser acessível, natural, algo que qualquer um pode fazer. O mais orgânico possível. É preciso ter atenção ao modo como você está vestido, ao local de onde está fazendo a transmissão. Não é mesmo para criarmos um cenário fantasioso,

O PODER DA *LIVE*

mas para transmitirmos uma sensação de realidade. Isso traz proximidade.

É preciso prestar atenção aos detalhes. Um parlamentar, por exemplo, não pode fazer uma *live* vestindo camiseta e usando chinelos durante a semana. Do mesmo jeito que não dá para falar de assuntos sérios no fim de semana. Essas aparições ao vivo requerem uns cuidados que podem soar como atitudes até meio óbvias, mas que passam despercebidas. Tudo, de alguma forma, transmite um recado. A postura, por exemplo, diz muito. De pé, você passa uma imagem de aguerrimento, combatividade; sentado, tudo fica mais calmo.

Tudo isso impacta o alcance da sua *live*.

Em um dado momento, depois de muito falar, percebi que estava sendo ouvido, compreendido. Então peguei o iPhone de volta, apoiei-o no copo, espetei o microfone — a única ferramenta adicional que uso é esse microfone acoplável — e começamos:[1]

— Pessoal, muito boa tarde, aqui é o deputado federal André Janones falando ao vivo, direto aqui de São Paulo, para todo o Brasil...

Pausa.

---

[1] fb.watch/iiAl8PUeIs/

## JANONISMO CULTURAL

Aqui alguém pode perguntar: "Mas Janones, você está na sua rede. Por que se apresentar?" Sim, estou na minha rede, mas nunca sei aonde uma *live* minha vai chegar. Ela pode viralizar, ir parar no celular de quem nunca me viu antes, por isso me apresento no começo das *lives*. Sempre tento manter um tom de eterno diálogo com os seguidores. Essa minha apresentação pessoal é o único preâmbulo, depois vou direto ao assunto. A ideia é encarar meu seguidor, meu eleitor, como se ele fosse alguém que está sempre ao meu lado. Isso dá uma sensação de intimismo, um dos elementos-chave das redes sociais.

Retomando:

— ... direto aqui de São Paulo, para todo o Brasil, e eu tenho um comunicado para fazer. Vocês sabem que a gente tem lutado aí com a nossa candidatura presidencial. Vocês que acompanham nosso mandato como deputado federal por Minas Gerais sabem que nossa principal luta sempre foi a luta dos que mais necessitam... então eu quis, antes mesmo de comunicar à imprensa, comunicar para vocês, em primeira mão, que o Lula está encampando as nossas propostas pelo auxílio, grande marca do nosso mandato...

Espere aí. Como é? Lula estava encampando minhas propostas? Primeiro uma explicação do mundo analógico. Reforço sobre eu nunca ter considerado que desisti da minha candidatura, mas sim que uni minha candidatura à do presidente. Esse ponto é importante para mim, porque, caso eu tivesse desistido, não teria feito o que fiz durante a campanha que se seguiu. Agora sim, a explicação do mundo digital. Um dos meus mantras é que você sempre deve ser a estrela da sua rede. Ou seja, eu sou o cara que elegeu Lula e o deputado que, com a ajuda dos outros 512, aprovou o auxílio. Meu Facebook é meu canal de comunicação: não existe para eu falar dos outros, mas de mim, para falar das coisas a partir da minha perspectiva.

Pode até soar egocêntrico, mas acredite, é como funciona. É o que diz o manual das redes sociais. Como você vai ver, não há nada que eu faça que não seja seguindo o manual. A única exceção a essa regra é quando estamos falando de conteúdo de terceiros. Se Lula publica uma imagem nas redes dele, o certo, no meu ponto de vista, é eu compartilhar a imagem, e não a copiar e a colar no meu perfil. A máxima "seja estrela da sua rede" só vale quando a produção de conteúdo é própria. Se você está compartilhando o conteúdo de outra pessoa dentro da sua rede é porque há um objetivo maior por trás, como vencer uma eleição. Só em situações extremas como essa existe alguma justificativa para publicar algo que não seja feito por você.

E que história é essa de "nosso mandato como deputado federal", "nossa principal luta"? É o tal do intimismo do qual já falei e vou voltar a falar sempre que necessário. No meu Facebook, faço de tudo para que meu seguidor — que em última instância pode ser meu eleitor — sinta-se como parte do mandato. Na verdade, nada mais democrático que isso. Afinal, o mandato não é meu. Nenhum mandato deveria ser enxergado como propriedade de um político. O mandato é sempre do eleitor. Sou apenas o representante dele.

Um último dado importante para se levar em conta em uma *live* de Facebook: atenção ao *thumbnail*, a imagem de destaque do vídeo na hora da publicação. É necessário achar um equilíbrio. Mostre o suficiente para aguçar a curiosidade, mas sem contar exatamente o que é. A mesma coisa vale para o título. Muitas vezes a estratégia que se deve usar é dar um título que não tem exatamente a ver com a foto do vídeo. Exemplo: um vídeo que publiquei durante a campanha em que o *thumbnail* é uma criança na frente de Lula e o título é: "URGENTE! Olha o que essa criança acaba de falar na cara do Lula!"[2] O conteúdo é apenas o garoto abençoando Lula, mas há diferença entre o que o *thumbnail* e o título sugerem, e isso ajuda a aguçar a curiosidade. Nada diferente do que centenas de veículos de imprensa têm feito cotidianamente.

No final, para os meus parâmetros, a *live* de anúncio da união das nossas candidaturas nem teve tanto engajamento — 2,7 milhões de visualizações. Mas, para quem se acostumou com lives acima de 10, até 20 milhões de visualizações, aquilo não era nada de mais. Mas provei para o presidente meu argumento de que era ele quem devia pautar a imprensa. Na época tive até dificuldade de encontrar matérias sobre a coletiva que oficializou a união, porque a *live* já era a notícia. A *Folha* reproduziu a *live*, a *Veja* reproduziu a *live*, o *Jornal Nacional* reproduziu a *live*. Era exatamente o que eu queria: nós devemos trazer a atenção para as nossas redes, colocar nossa perspectiva dos acontecimentos nas manchetes.

Já na sala de imprensa, Lula quis saber sobre visualizações e questionou se atuação em redes sociais se converte em votos — eu ouviria essa mesma pergunta outras vezes dele próprio e também de outras pessoas. Expliquei que uma rede criada por uma personalidade

---

[2] www.facebook.com/watch/?v=846227386738267

política tem uma alta taxa de conversão de votos, mas que não, nem todos os seguidores são seus eleitores. Essa, aliás, é uma conclusão a que eu tinha chegado antes mesmo de decidir apoiá-lo. Afinal, nem mesmo os seguidores que se declaravam meus eleitores iriam todos votar em mim para presidente. Cada caso é um caso. É preciso pensar na melhor estratégia para cada contexto.

Ele assentiu, mas com um ar de dúvida. Ao longo da campanha, vi Lula cobrar trabalho de base, distribuição de panfletos em porta de fábrica, banquinhas de botons pela cidade. Até posso estar errado, mas não enxergo mais isso como algo tão relevante, apesar de ser muito simpático. Encaro como uma atividade complementar, não primordial. Hoje em dia, o espaço mais efetivo para fazer essa abordagem é no virtual. Pode parecer uma heresia, mas acredito que o chão de fábrica está hoje no Facebook.

A comunicação via Facebook talvez equivalha ao que Lula fazia décadas atrás, ao ir para a porta do sindicato panfletar. Diante disso, é impressionante que parte da esquerda hoje tenha ficado tão presa às tretas do Twitter, ao lançamento de livros, ao reconhecimento na *Folha de S.Paulo* com coluna e entrevista na primeira página... Tudo isso cabe, também é válido, mas não vejo ninguém disposto a ir ao Facebook e falar as coisas de um jeito que o povo que está lá entenda e se identifique. Sessenta por cento dos brasileiros estão no Facebook. Gostando ou não dessa rede social, não podemos mais desprezá-la.

Como não ser um entusiasta de uma rede tão presente na vida do Brasil real, do povo mesmo? Confesso que antes da eleição eu estava completamente imerso na bolha do Facebook. Não podia conceber que alguém ainda lia a *Folha de S.Paulo*, assistia à GloboNews. Ou mesmo que alguém em sã consciência pudesse desprezar o apoio de artistas populares como João Gomes, Gusttavo Lima e preferir somente outros. Foi cada comportamento que vi... Eu olhava em volta e tinha a nítida certeza de que a esquerda precisava (e ainda precisa) romper sua própria bolha, parar de falar só com a elite intelectual do país.

Voltando à resistência de Lula para conceber que a panfletagem e a militância de porta de fábrica não têm mais a relevância de outrora. Essa atitude dele me parece algo normal, afinal ele percorreu boa parte de sua trajetória muito antes da internet. Apesar de ser compreensível, eu não conseguia deixar de enxergar o potencial que Lula teria caso se apropriasse melhor das redes sociais. Ele seria um verdadeiro fenômeno mundial. Nesse dia, eu o vi refletir sobre o assunto.

## JANONISMO CULTURAL

Em algum momento, Lula chegou a comentar sobre aquele ser o momento de maior popularidade da vida dele. Sessenta milhões de eleitores, mas, diferentemente dos anos 1980, quando ele fazia comícios para 100 mil pessoas, durante a última eleição suas plateias eram cada vez menores.

— Como você explica isso, Janones?

Mostrei o celular.

— Hoje, o senhor não coloca mais 100 mil pessoas num comício, mas pode colocar dezenas de milhões lhe assistindo simultaneamente pela internet.

# 4. Efeito auxílio

O telefone começou a tocar. No visor, o nome de Ricardo Stuckert. Quando atendi, era uma chamada de vídeo. Do lado de lá, confusão. O fotógrafo era o porta-voz, mas eu reconhecia outros rostos ao lado dele e via o próprio presidente Lula. Outras pessoas também falavam, mas eu não conseguia distinguir quem eram. O tom da ligação era de urgência.

— Precisamos fazer a *live* sobre o auxílio. Não pode passar de amanhã.

Fiquei feliz por eles terem entendido o poder da *live* tão rapidamente, mas ainda havia muitos capítulos para debatermos. Naquele caso, o erro de estratégia era óbvio e a evidência mais clara disso é que eu estava em Ituiutaba, minha cidade natal no interior de Minas Gerais, quando atendi àquela ligação. Era sexta-feira e, depois de meses ininterruptos de trabalho, eu tinha planejado passar na casa da minha família o fim de semana de Dia dos Pais. E tem aquela regra de ouro para o sucesso nas redes sociais que já mencionei aqui: não se aborda assuntos sérios no sábado e no domingo.

Parece óbvio, afinal essa recomendação não vale apenas para a comunicação digital. O que acontece é que pela facilidade com que as publicações se dão nas redes sociais, cria-se a impressão de que basta a vontade de uma pessoa ou instituição de abordar um assunto para que ele se imponha. Equívoco total. É necessário ouvir as redes antes de publicar qualquer coisa. E naquele dia o que eu captava? Dia dos Pais. Só se falava disso. Uma *live* sobre auxílio seria um fracasso. Eles insistiram:

— As pesquisas de intenção de voto estão mostrando que a partir de agora começa a entrar com força o efeito do auxílio, não podemos esperar.

Cerca de um mês antes, em julho, o Congresso tinha aprovado a Proposta de Emenda à Constituição (PEC) do Estado de Emergência, proposta por Jair Bolsonaro, que instituiu o auxílio emergencial — um acréscimo de 200 reais que fez o Auxílio Brasil pular de 400 para 600 reais —, além de conceder uma série de outros benefícios para a população em geral (como o Auxílio Gás) e para categorias específicas (como os auxílios de

## EFEITO AUXÍLIO

combustível para caminhoneiros e taxistas). É possível medir a seriedade de uma medida pela quantidade de apelidos que ela ganha. Rapidamente, a PEC ficou conhecida como PEC das Bondades e PEC Eleitoreira.

Justamente quem passou anos dizendo que o Bolsa Família era compra de voto resolveu conceder, próximo às eleições, benefícios que tinham a única finalidade de tentar ganhar votos e reverter a derrota que se avizinhava. Tanto é que a tal PEC tinha dia para terminar. Em 31 de dezembro de 2022, o Estado de Emergência acabaria e a condição de vida dos brasileiros voltaria ao que era antes ou até pioraria. A urgência da ligação de Stuckert naquela véspera de Dia dos Pais se devia a isso. A estratégia bolsonarista estava funcionando e o então presidente parecia estar começando a tirar a vantagem de Lula entre os beneficiários do auxílio.

Não adianta jogar sempre com o regulamento debaixo do braço. Ouvi o que eles estavam dizendo e percebi que o pedido para que fizéssemos aquela *live* partia de uma percepção do próprio Lula de que o assunto não podia esperar. Estávamos na sexta-feira, as pessoas iam começar a receber o auxílio naquele dia, não poderíamos deixar elas aproveitarem o fim de semana sem saberem que, caso Jair Bolsonaro ganhasse, aquele dinheiro não estaria mais no bolso quando o ano

# JANONISMO CULTURAL

acabasse. Esse acerto não está na minha conta, realmente era o momento ideal para falar sobre o auxílio. Mas o que vem a seguir é 100% Janonismo Cultural, estratégia de guerrilha digital: desliguei o telefone e imediatamente abri uma *live*.

— Atenção, pessoal, urgente! Aqui não é o André que apoia o Lula, esquece isso, esquece eleição. Agora é o deputado federal falando com vocês. Se o Bolsonaro ganhar, acabou o auxílio emergencial! Bolsonaro presidente? Não tem auxílio! Isso não pode ficar assim! Nós vamos buscar uma solução, continua aqui comigo!

Passadas duas horas dessa *live*, publiquei uma foto na qual manuseava um monte de papéis: eram os artigos da PEC já aprovada. A legenda dizia que eu estava em busca de soluções para o problema, que algo deveria ser feito. No dia seguinte, a caminho do aeroporto, outra publicação, em texto: "O Lula não veio aqui? Não abanou o rabinho para pedir meu apoio? Agora ele vai ter que se virar!" E, antes de encontrar o presidente, ainda fiz outras publicações em que disse que estava indo para o tudo ou nada: "Vou bater na casa do Lula e ele vai ter que cumprir a promessa de manter os 600 reais."

O quê?! Lula abanou o rabinho? Pode parecer loucura ou sensacionalismo, mas você deve se lembrar do que eu disse umas páginas atrás. O que eu estava

## EFEITO AUXÍLIO

fazendo? Sendo a estrela da minha rede e garantindo, com aqueles *posts* prévios, o engajamento em torno da pauta do auxílio. Só assim teríamos a audiência de que precisávamos. Como eu tinha passado os últimos dois anos falando do auxílio, podia garantir engajamento no assunto.

É preciso saber usar as redes de forma inteligente e eficaz. Aqui, sou 100% nova política. Quando você enxerga as coisas assim, entende que não é necessário comunicar tudo o que faz. Minha comunicação é restrita ao meu trabalho como deputado, mas não a todo o trabalho, porque algumas das coisas mais relevantes que fiz não têm audiência nas redes. Por exemplo, destinei mais de 15 milhões para um hospital no interior de Minas Gerais, mas isso não é conteúdo de rede social. Afinal, qual é o interesse de alguém que mora no interior do Acre ou do Rio Grande do Sul em relação a essa notícia? Nenhum. Logo, não há razão de abordar isso durante uma campanha presidencial que requer abrangência nacional.

Como sempre identifiquei rapidamente o que tem capacidade de se tornar assunto nas redes, modero o conteúdo do que publico de modo a garantir relevância. Para me organizar, trabalho com o conceito de "novela", que nada mais é que a criação de uma trama ao redor de um único assunto. São inúmeras publicações abordando um mesmo tema de perspectivas diferentes. Quanto mais importante e urgente o assunto, mais a novela dura. Há novelas de curta, média e longa duração.

Nos meus primeiros dez dias de mandato, em 2019, recebi a informação de que o então presidente da Vale, Fabio Schvartsman, participaria de uma audiência pública na Câmara dos Deputados para falar sobre a tragédia em Brumadinho. Publiquei imediatamente no meu Facebook: "Estarei frente a frente com o presidente da Vale, responsável pelo episódio de Brumadinho, o que vocês falariam para ele?" Inscrevi-me para falar na sessão e, um pouco antes da minha vez, corri os olhos sobre os comentários que as pessoas haviam deixado no meu *post*. Esses comentários foram a base do que falei.

— Bom, primeiramente quero dizer da minha insatisfação de ter que olhar para essa cara lavada do presidente da Vale e ver ele dizer aqui que a Vale é uma joia rara e não tem responsabilidade sobre o que aconteceu. Pelo menos ele foi homem o suficiente para admitir que está defendendo os interesses da empresa.

O vídeo dessa fala, feito pela TV Câmara, repercutiu enormemente. No Instagram, onde é mais difícil ganhar seguidores, pulei de 52 mil para 250 mil. Nas horas seguintes, aproveitei para continuar falando de

## EFEITO AUXÍLIO

Brumadinho. Coincidência ou não, dois dias depois Fabio Schvartsman foi demitido. Encerrava-se aí minha primeira novela de curta duração como deputado. Para mim, foi um cartão de visitas.

Algum tempo depois, iniciei uma novela de média duração. Chamava-se "Fiscal do Povo". Vestindo um coletinho personalizado, ia fiscalizar denúncias de mau uso do dinheiro público que choviam no meu Facebook: galpão com medicamentos vencidos, viaturas da polícia paradas, ambulâncias nunca entregues etc. A abordagem era sempre bélica, como a maior parte do meu posicionamento nas redes.

Se sou uma pessoa bélica a todo instante? Não. Estava fingindo nos vídeos, então? Também não. Sou um indignado com a situação social brasileira — acho que todos deveriam ser. E se o que gera curtidas e compartilhamentos é o confronto, e a denúncia significa que é isso o que o povo espera de mim, logo, é justamente isso o que vou fazer. Uso as redes para dar relevância a temas importantes e conquistar a influência de que preciso para meu trabalho. Ter essa clareza facilita muito na hora de identificar um tema para uma boa novela.

Bom, se você ainda se lembra, no começo deste capítulo estávamos falando de auxílio. Lula queria fazer uma *live* e ligou para pedir minha ajuda. Por quê? Porque a novela do auxílio foi a minha maior novela. Em 2020, o que só eu percebi, dentre todos os políticos do Brasil — e isso me espanta sempre: o quão desconectado da realidade você tem que estar para não sacar isso logo de cara? —, é que a pauta mais importante do país não era a vacinação nem sequer a pandemia, mas a fome. Vindo de onde eu vim, não me esqueço de onde o calo mais aperta: é sempre no estômago. E bastaram alguns dias de isolamento social para que meu Facebook fosse inundado de fotos de geladeiras vazias.

Enquanto todos os deputados automaticamente mudaram de assunto depois de aprovarmos o auxílio pela primeira vez, eu me mantive falando a respeito. Percebi que aquele era o grande tema, capaz de render uma novela de capítulos inesgotáveis. Quer dizer que meu trabalho como deputado parou e não fiz mais nada? Claro que não. Tudo continuou normalmente. Mas ouvindo as redes sociais, captando o sentimento das pessoas, percebi que o auxílio era o assunto mais importante para meus eleitores e que eu precisava abordá-lo de todos os ângulos possíveis.

Nunca começo uma novela sem antes ter certeza de que ela me renderá bons capítulos, do mesmo jeito que nunca tento "exibir" duas novelas ao mesmo tempo. Foi assim com o auxílio. Naquele momento, nem que

EFEITO AUXÍLIO

tivesse ganhado o prêmio de melhor deputado do ano eu teria deixado de falar do auxílio. O resultado de interromper uma novela com outro assunto quente é que, ao invés de concentrar atenção, você acaba por dissipá-la. A ideia por trás do engajamento no Facebook é simples: se um assunto está tendo repercussão, o algoritmo confere cada vez mais relevância a ele. Mas se você inserir outro assunto ou exagerar no número de *posts*, essa relevância vai ser dividida. O espaço nas redes sociais é limitado, exatamente como a programação de um canal de TV.

Durante dois anos, transformei meu Facebook em um canal quase exclusivo de comunicação sobre o auxílio. O canal da Câmara dos Deputados no YouTube costuma ter cerca de 2 mil pessoas assistindo simultaneamente às transmissões, mas, durante qualquer discussão relativa ao auxílio, esse número pulava para 150 mil. Nos comentários, havia milhares de perguntas. Para chegarem ali cheias de dúvidas é porque aquelas pessoas não encontravam as respostas que estavam buscando ou não entendiam as explicações que obtinham. Nem a classe política nem a imprensa percebem a necessidade de se fazer uma tradução dos termos usados por nós.

Pensando nisso, minhas *lives* serviram como um FAQ. Eu fazia reuniões na Caixa Econômica, esclarecia

## JANONISMO CULTURAL

com eles diretamente as dúvidas e depois ia explicar tudo no Facebook. Até hoje as pessoas me param na rua para agradecer por esse trabalho. As inúmeras reviravoltas do auxílio rendiam episódios para minha grande novela. Em uma dessas *lives*, eu bati um recorde mundial no Facebook, com 3,3 milhões de visualizações simultâneas, ultrapassando um show da Marília Mendonça transmitido durante a pandemia. O resultado foi que, em julho de 2022, quando eu ainda era candidato presidencial, as pesquisas mostravam, com algumas variações, que Lula liderava, com 60% de intenção dos votos entre quem recebia até um salário mínimo, depois aparecia Jair Bolsonaro, com 11%, e eu, tecnicamente empatado com ele, com 9%. Quando se analisava o recorte dos eleitores que recebiam o auxílio, eu ficava em segundo.

O auxílio foi mesmo muito marcante na minha vida política. Comecei aquela novela com 2,5 milhões de seguidores em todas as minhas redes somadas e terminei com cerca de 12 milhões. Passei de um deputado iniciante, de primeiro mandato, a um candidato à Presidência com números espantosos. Foi por tudo isso, e não por acaso, que recebi aquela ligação para ajudar Lula a fazer a *live* sobre o auxílio. Não era só porque eu entendia como ninguém o poder de uma *live*, mas porque era o meu público o maior interessado naquele assunto.

Antes de declarar apoio a Lula, pesquisas qualitativas do PT indicavam duas coisas sobre mim: 1) ao lado de Jair Bolsonaro e de Lula, eu era o político mais influente das redes; 2) quando o assunto era o auxílio, eu era a maior autoridade do país — essa é uma informação que eu até intuía, mas da qual não tinha certeza. Votando ou não em mim, milhões de pessoas só acreditavam em informações relacionadas ao auxílio se fossem ditas por mim. Não acreditavam no Governo, em Jair Bolsonaro nem na Globo. Acreditavam em mim. Eu ainda não era o Janones, eu era o André do auxílio.

Por todos esses motivos, contrariando minha própria lei de não publicar assuntos sérios aos sábados, lá estava eu indo a São Paulo, para a casa de Lula. Nossa intenção era alertar as pessoas sobre a gravidade do que estava acontecendo. O que Jair Bolsonaro estava fazendo era estelionato eleitoral. O único que garantia um valor permanente de 600 reais era Lula, o candidato que, sob a ótica dos meus eleitores, foi atrás do meu apoio.

Ainda de manhã, toquei a campainha da casa e o próprio Lula veio abrir o portão. Ele vestia uma calça esportiva e uma jaqueta do Corinthians, como qualquer corintiano num sábado de dérbi contra o Palmeiras.

## JANONISMO CULTURAL

Como ele ainda não sabia que sou palmeirense e também não tinha como prever que o Corinthians perderia o jogo horas depois do nosso encontro, ele me recebeu com aquela habitual simpatia.

— Ô Janones, tudo bem? Passa pra dentro!

Eu entrei, ele tocou para o lado a cachorrinha Resistência e fomos direto para o escritório. Essa foi a primeira vez em que estive na casa de Lula. Surpreendi-me com a simplicidade do que testemunhei e pensei que eram justamente cenas como aquelas que podiam ser usadas para desmentir a imagem de um Lula magnata, uma espécie de mafioso rico e inatingível que circula nas redes da Terra plana.

Na ousadia de quem estava chegando, com uma boa dose de inocência, é verdade, falei sem filtros. Nesse dia, lembro de ter dito que Jair Bolsonaro e eu só nadávamos de braçada nas redes porque ele, Lula, ainda não tinha pegado um celular na mão. Entendo toda a precaução que se tem com a imagem dele, mas estava na hora de mudar algumas coisas, inovar, talvez revelar um pouco mais de sua intimidade. Minhas opiniões sempre foram ouvidas com atenção, mas nem sempre isso resultava em alguma mudança concreta. De todo modo, alguns de meus comentários começavam a mostrar a Lula e a seu entorno a importância das redes sociais.

EFEITO AUXÍLIO

No escritório, comecei a dar algumas orientações para o sucesso da *live*. Iríamos filmar ali mesmo, sem qualquer produção, exatamente como tínhamos feito no dia da união de nossas candidaturas. Outras coisas importantes: não podíamos alongar a *live*, seriam no máximo cinco minutos, mas o ideal era que tivesse até três. Mudar de assunto? Nem pensar. No máximo falar do preço do gás e dos alimentos, mas o tema era o auxílio. E, mais importante, a *live* deveria ser atemporal. Ou seja, ela não podia ter um marcador de tempo, não podíamos trazer referências do presente para a conversa. As *lives* temporais costumam ter muitas visualizações na hora e nos momentos subsequentes de algum fato relacionado a elas. As *lives* atemporais não têm muitas visualizações no momento da transmissão, mas continuam sendo assistidas por tempo indeterminado. Era o que buscávamos ali.

Tudo pronto. Ao vivo!

O que aconteceu? A transmissão durou cerca de quinze minutos, ele falou sobre auxílio, mas também sobre agronegócio, insumos de sei lá o quê, meio ambiente e, para finalizar, ainda desejou feliz Dia dos Pais. Não seguiu nenhuma das minhas orientações. Ainda bem que ele é o Lula, porque, mesmo não seguindo nenhuma das diretrizes, a *live* teve um bom número de visualizações, cerca de 2,5 milhões,[3] acima do que eu esperava. Colaborou para isso o fato de que a própria imprensa repercutiu a transmissão.

Eu acredito que essa foi a primeira entrega efetiva que fiz para a campanha, porque essa *live* ajudou a estancar o crescimento de Jair Bolsonaro entre os beneficiários do auxílio, segundo a pesquisa Datafolha da quinta-feira seguinte. Além disso, foi nessa ocasião que percebi que os bolsonaristas iam cair no plano que eu tinha começado a desenhar.

Jair Bolsonaro tinha uma participação no podcast de Rica Perrone agendada para o mesmo momento da nossa *live*. Comecei a dizer que iríamos ter muito mais audiência. Por mais infantil que possa parecer, aquilo era um jogo de ganha-ganha para mim. Em um primeiro cenário nós de fato teríamos mais audiência, o que seria ótimo. Em um segundo cenário, passaríamos vexame perante a audiência, mas estaríamos pautando o adversário. Quer dizer, em caso de vitória ou de derrota, os bolsonaristas iam perder tempo falando sobre aquela disputa boba que inventei em vez de fazer o que mais gostam, que é espalhar *fake news*.

---

[3] www.facebook.com/watch/live/?ref=watch_permalink&v=759560325300115

## EFEITO AUXÍLIO

Alguém deixa de votar em Lula porque ele teve menos ou mais audiência que Jair Bolsonaro? Não, claro que não. Mas as pessoas deixam de votar em Lula porque leem uma *fake news* dizendo que ele vai fechar igrejas, que é a favor do aborto, que vai colocar banheiros unissex nas escolas. Agora, preste atenção. Vou dizer mais uma vez: o espaço nas redes sociais é limitado. Cada vez que você fala de um assunto, perde uma inserção. Se você exagerar na quantidade de publicações, vai perder engajamento nas próximas; se falar de muitos assuntos, não vai criar relevância para o algoritmo. Assim, quanto mais tempo eu conseguisse mantê-los ocupados com bobagem, menos a fábrica de mentiras do bolsonarismo estaria criando novidades.

Por isso, mais do que pela audiência que tivemos, essa primeira *live* foi tão marcante para mim. Em vez de concentrar tempo e artilharia na divulgação de *fake news*, eles passaram a bater boca comigo, a fazer memes em que Lula e eu aparecíamos como Debi & Loide. Era tudo que eu queria. Se seu oponente joga sujo e tem uma fábrica de produção de *fake news*, como é o caso de Jair Bolsonaro — que é até alvo de inquérito envolvendo a apuração de *fake news* —, faça de tudo para distraí-lo.

# 5. Influencer não, político

Eu estava animado com o comício em São Paulo marcado para 17 de agosto. Gleisi Hoffmann tinha me assegurado que eu discursaria no palanque, então seria a primeira vez que dividiria o microfone com Lula.

Depois de desembarcar em Congonhas, fui à casa de Fernando Haddad, então candidato ao governo de São Paulo, tomar café da manhã antes do comício. Foi um ótimo primeiro encontro. Fernando Haddad tem um jeito tranquilo de professor, e ele e Ana Estela, sua esposa, me receberam com a mesma simplicidade de Lula. Já sabe, né? É claro que os perturbei dizendo que aquela simplicidade rende votos e é muito pouco aproveitada nas redes. É claro que me ouviram com toda a educação, mas também é certo que a coisa ficou nisso.

## JANONISMO CULTURAL

Depois do café agradável, já a caminho do centro da cidade, onde fica o famoso vale do Anhangabaú, fiquei pensando em como seria passar mais tempo em São Paulo. Logo nos primeiros dias, comecei a ter uma noção do que significa estar no entorno de Lula. O assédio da imprensa é gigante. Em dias normais, eu era pauta a cada três meses. Depois de ter meu nome associado ao de Lula, passei a aparecer de hora em hora no noticiário.

Algumas outras ideias e possibilidades relacionadas à minha participação na campanha, só fui saber depois da vitória ou pela imprensa. Uma delas é que durante algum tempo houve uma discussão sobre se as redes sociais de Lula deveriam ou não ficar completamente sob minha coordenação. As colunas de política aventaram também a possibilidade de Geraldo Alckmin entregar suas próprias redes para mim. Nunca participei dessas conversas e, sendo muito franco, nunca tive pretensão de assumir as redes sociais de ninguém. Meu objetivo definitivamente não era esse.

Com o tempo, ficou claro que minha atuação nos canais oficiais ficaria limitada a sugerir caminhos — aliás, pouco seguidos. Os casos que menciono neste livro partiram das minhas próprias redes, com destaque para a trinca Facebook, Telegram e Twitter. Tudo sempre

## INFLUENCER NÃO, POLÍTICO

elaborado por mim. Tive ajudas pontuais da equipe de campanha para pesquisa de informações e edição de imagens. Acho que isso foi bom para todos. Por um lado, cortou pela raiz qualquer ciúme que a imprensa à época alardeava que eu pudesse despertar no PT — embora nunca tenha sentido nada a esse respeito —, por outro, conteve uma euforia que se formou com minha chegada. Ouvi de algumas pessoas devaneios como: "Janones é um gênio e vai decidir a eleição sozinho."

Embora me sinta lisonjeado, comentários assim são completamente absurdos. Naquela época, eu tinha convicção de que, mesmo sem meu apoio político e minha participação, Lula ganharia no primeiro turno. Além disso, não acredito em genialidade. Dizer que sou gênio implicaria dizer que justamente Carlos Bolsonaro também é! Não que eu faça a mesma coisa que ele — eu o combato, faço-o provar do próprio veneno —, mas porque nós dois somos bem-sucedidos por entender o básico. Se você respeita as regras das redes sociais, joga de acordo com o guia que dita o que dá e o que não dá engajamento, você tem sucesso. Não há genialidade, há um manual de funcionamento.

Sempre tive uma preocupação: não ser confundido com marqueteiro, influencer. Sou político. Essa facili- dade que tenho nas redes não pode ser confundida com meu trabalho. As redes sociais funcionam como suporte para a vida política, que é minha vocação.

Minha atuação nas eleições aconteceu, na maior parte das vezes, com celular na mão, sentado no sofá do apartamento em que eu vivia em Brasília. Por isso, estar em São Paulo para aquele comício e encontrar o eleitorado eram tão especiais para mim.

Apesar de não ter tido muito público e do tempo ruim, o evento no Anhangabaú foi bom. Gostei muito da minha fala, acho que foi um dos meus melhores discursos até hoje. Consegui levantar o público. O único problema daquele comício foi que Lula cometeu um deslize. Em uma parte de seu discurso, ao elogiar a Lei Maria da Penha, ele disse: "Quer bater em mulher, vá para outro lugar, mas não dentro da sua casa ou do Brasil." Mandou mal. E, claro, assim que terminou o evento as redes já estavam cheias de críticas a esse trecho da fala de Lula.

Diante disso, logo lancei mão da estratégia do desvio de foco. Ganha a batalha no mundo digital quem consegue pautar as redes, quem dita as regras. É muito difícil assimilar isso, porque, se estão dizendo alguma coisa falsa sobre você, é natural que você queira se defender. Mas rede social é momento. O desmentido acaba só dando mais relevância para a mentira.

## INFLUENCER NÃO, POLÍTICO

Saindo do palanque, percebi que aquele vídeo de Lula falando das mulheres iria viralizar. Por isso, rapidamente fiz alguma provocação que distraiu os bolsonaristas — sequer me recordo qual — e, quando eles tentaram retomar o assunto, o *timing* já tinha passado. O comício terminou às 12h, e às 13h eu já tinha desviado o foco de atenção das redes. Depois do episódio da audiência do podcast *versus* a audiência da *live*, os bolsonaristas voltavam a morder uma isca jogada por mim: caíam em uma provocação boba e se distraíam.

Ao longo de toda a campanha, o combate às *fake news* foi um dos pontos de maior atenção de meu trabalho. E também foi o tópico em que tive mais dificuldade para que o PT agisse como eu indicava. Os únicos momentos em que eu discordava totalmente do pessoal da campanha tinham relação com a forma de lidar com *fake news*. Acordei um dia e as redes sociais do PT estavam incorrendo no mesmo erro que seus parlamentares cometiam todos os dias. Eles publicaram *posts* atrás de *posts* dizendo que "Lula não vai fechar igrejas" e que "Lula não é a favor do aborto". Fui direto para o grupo de coordenação de comunicação.

— Assim não dá! *Fake news* não se desmente! Quantas vezes vou precisar explicar isso?!

## JANONISMO CULTURAL

Para o algoritmo que rege as redes sociais, não faz diferença se algo é bom ou ruim. O único parâmetro do algoritmo é se aquilo que foi publicado gera engajamento, se provoca uma reação qualquer no usuário. "Lula vai fechar igrejas" e "Lula não vai fechar igrejas" para o algoritmo é a mesma coisa. O que importa é que os assuntos "Lula" e "fechamento de igrejas" são termos relevantes. Logo, tudo que for produzido a respeito deles ganhará destaque e chamará mais atenção.

É importante levar em consideração as especificidades de cada uma das redes. No Facebook e Twitter, quanto mais comentários tem um assunto, mais relevância ele ganha. Sabendo disso, ao se defrontar com uma *fake news*, antes de qualquer coisa o que você precisa é entender se é válido estimular que o assunto ganhe relevância. A decisão deve considerar dois pontos: 1) qual é o público da rede em que você pretende fazer o desmentido (lembrando que no Twitter todo mundo tem opinião formada e no Facebook, não); 2) saber com quem você está debatendo. Se seu objetivo for ganhar notoriedade e alguém famoso estiver falando de você, talvez valha a pena rebater.

Já o Instagram funciona de outra forma. Um assunto tem que ser muito recorrente para começar a ser destacado pelos algoritmos. Por isso, uma resposta

## INFLUENCER NÃO, POLÍTICO

por lá pode fazer mais sentido. O YouTube, por fim, está em outro extremo. Ele não tem um *feed*, funciona basicamente como a TV, ou seja, a pessoa busca o conteúdo a que quer assistir. Por isso, YouTube e TV são os melhores canais para se desmentir *fake news*. Infelizmente, comparando com Facebook e Twitter, esses são os meios com menor capacidade de viralização. O caminho para se combater as *fake news*, portanto, é escolher o local e o momento. Aliás, essa dica vale para qualquer informação — verdadeira ou falsa — à qual você não queira dar destaque. Só mude de estratégia se a informação tiver tomado toda a internet, tornando-se incontornável — como fiz algumas vezes com Jair Bolsonaro.

Desde que declarei meu apoio a Lula, não passa uma semana sem que alguém me sugira a leitura de livros de autores estrangeiros sobre democracia e *fake news*. Nunca li nenhum desses. E, até pouco antes das eleições, nunca tinha nem ouvido falar de Steve Bannon. Não sabia que Jair Bolsonaro aplicava a mesma receita de bolo da extrema direita mundial. Não tenho vergonha de dizer que há muitas coisas que desconheço, estou constantemente aprendendo.

Talvez seja mesmo complicado para alguns entender o lugar de onde vim. Minha mãe era empregada doméstica; meu pai, cadeirante, morreu quando eu tinha dez meses. Minha vida foi uma correria atrás da outra, eu nunca pude me dar ao luxo de estudar nada que não precisasse usar no dia seguinte. Foi assim com o Direito — e me considero um bom advogado. É assim na política. Tudo que aprendi foi na prática, na conversa e no empirismo. Não aprendi o que sei de redes sociais seguindo o manual de Jair Bolsonaro nem lendo livro de autor gringo. Aprendi na experimentação.

Não foi Carlos Bolsonaro nem Steve Bannon que inventou que não se pode ter menos de quatro horas entre um *post* e outro, não foram eles que disseram que uma *selfie* vai entregar 20% a mais de engajamento do que uma foto qualquer. Aprendi essas coisas porque nasci num mundo digital, uso as redes sociais desde a época do Fotolog para expor minha indignação com as desigualdades brasileiras. Percebi logo cedo que a comunicação em rede é o jeito mais rápido e eficaz de conseguir o que preciso para conquistar meus sonhos e mudar a vida das pessoas.

Eu fazia tudo de maneira muito despretensiosa, só tomei conhecimento das ferramentas de métricas de redes sociais já durante a campanha. Não sou moderno do ponto de vista digital. O que sei é me comunicar e analisar. Descobri tudo que sei vendo as reações às

## INFLUENCER NÃO, POLÍTICO

minhas próprias publicações. Cheguei ao ponto de, no Facebook, rede social que conheço melhor, estimar quantas visualizações uma *live* teria em três dias, depois de apenas três minutos de sua publicação. Para isso, faço um cruzamento de compartilhamentos e curtidas. Se o número de compartilhamentos passar o número de curtidas em menos de três minutos, as visualizações vão passar de 10 milhões. Está tudo na minha cabeça. Não tenho nada planilhado.

Hoje há pouca prática e muita teorização, por isso tanta gente continua incorrendo no erro básico de desmentir *fake news* ou bater palma para maluco. Jair Bolsonaro — ou Steve Bannon, aqui tanto faz — entendeu isso. Ele falou atrocidades durante anos e, quando inventaram as redes, todos nós passamos a dar audiência de graça para ele. "Falem mal, mas falem de mim", essa máxima nunca foi tão verdadeira. E essa falha na comunicação não é culpa do PT ou do campo progressista. Todo mundo que não é extrema direita falhou nos últimos anos. O campo dos que erraram vai do MST a João Amoêdo. Dentro desse vasto espectro político, todo mundo foi incompetente. Seja por ignorância ou pudor de "descer ao nível" dos nossos adversários — como ouvi que eu fazia com meus vídeos no Facebook —, continuamos perdendo a batalha.

## JANONISMO CULTURAL

Vamos voltar no tempo e imaginar um cenário. Faltam poucos meses para o segundo turno das eleições de 2018. José é um eleitor comum de uma cidade de médio porte do interior de São Paulo. Ele nunca confiou em políticos, mas também nunca acompanhou o assunto de perto. Porém, nos últimos anos teve a casa invadida por criminosos mais de uma vez. Em uma dessas ocasiões ele e sua família, incluindo seu filho de 5 anos, foram mantidos como reféns durante horas. Desde então, Zé, que também nunca se interessou por armas, passou a pensar que talvez ter uma pistola pudesse ajudá-lo a defender a família.

Apesar de não gostar do PT, ele ainda não decidiu se votará em Fernando Haddad ou Jair Bolsonaro. José tem evitado o Facebook e outras redes porque elas viraram um campo minado de discussões: viu até familiares romperem por política. Até que ele se deparou com um vídeo em que Jair Bolsonaro fala para uma deputada do PT que ele não a estupra porque ela não merece. O vídeo apareceu ao menos umas dez vezes na sua *timeline*. Algumas pessoas chamam o candidato de mito, outras, de monstro. Ele mesmo não gosta muito do que vê, mas, depois de uns dois cliques, acaba indo parar na página de Jair Bolsonaro.

Nos próximos dias, Zé descobre que Jair Bolsonaro disse aquelas grosserias para Maria do Rosário, mas que

# INFLUENCER NÃO, POLÍTICO

é favorável ao porte de armas. Isso chama sua atenção, porque, traumatizado pelos assaltos, seu filho de 5 anos começou a ter problemas na escola. Depois, fica sabendo que Jair Bolsonaro foi o deputado mais assíduo da Câmara nos últimos anos. Vê também que Joaquim Barbosa — que, como ele lembra de ter visto no *Jornal Nacional*, botou para quebrar com os corruptos — disse que Jair Bolsonaro foi o único parlamentar que não recebeu dinheiro do mensalão.

Faltando algumas semanas para a eleição, nosso Zé, que já tinha acompanhado o episódio da facada contra Jair Bolsonaro, vê, nas redes, uma movimentação que diz #EleNão. É aí que ele decide seu voto. Eu sei, isso é polêmico. Mas eu, lá na simplicidade da casa da minha mãe em Ituiutaba, antes de tomar posse como deputado federal, vi que a campanha do #EleNão foi um tiro no pé. Como alguém que nasceu nas redes, vi que aquilo ia levar muito voto para ele. O que o #EleNão dizia é que, num contexto em que o brasileiro estava ferrado, todo mundo poderia ser presidente, menos Jair Bolsonaro. Por que só ele que não?

O #EleNão, além de atrair muita atenção para Jair Bolsonaro, reforçou a ideia vendida pelo próprio candidato de que ele era o antissistema, o cara que iria mudar tudo, aquele que não era aceito por ser simplório.

## JANONISMO CULTURAL

O #EleNão validou a imagem construída por ele. Repito: a frase "falem mal, mas falem de mim" nunca fez tanto sentido nos tempos atuais. Tanto faz se era #EleNão ou #EleSim! A questão é que Jair Bolsonaro pautou o debate e, somando as preocupações e impressões que teve, Zé acabou se decidindo por votar nele. Talvez tenha pensado: vai que isso muda alguma coisa.

Em julho de 2022, pouco antes de entrar na campanha de Lula, percebi que Jair Bolsonaro estava em uma fase de queda de engajamento. Isso foi em meados de abril. Ele estava engajando 2 milhões de pessoas por semana naquele momento. Aí veio o Lollapalooza, com uma espécie de #EleNão 2, e ele saltou para 25 milhões de pessoas engajadas por semana — prova de que aquela vasta arena política, que engloba de ultraliberais a produtores orgânicos, continua perdendo o voto de gente como Zé. O pior é que em quatro anos de governo Jair Bolsonaro, Zé, que era apolítico, pode ter virado um soldadinho do bolsonarismo. Talvez tenha até ajudado a invadir Brasília e quebrar tudo na Praça dos Três Poderes em 8 de janeiro de 2023.

# 6. André quem?
# Como cheguei até aqui

Sempre fui como Tomé, o apóstolo de Cristo: preciso ver para crer. E, como todo homem de fé, passei por momentos de intenso questionamento. O mundo é injusto, a vida é dura, as perguntas não têm respostas. Já flertei com o ateísmo ao ler Richard Dawkins. Mas também encontrei autores que propõem uma leitura teológica aprofundada e racional. Por fim, também gosto muito do que um amigo meu que é pastor sempre diz: "Deus não precisa de advogado. O fiel não precisa convencer ninguém, precisa testemunhar." Cheguei ao cristianismo me questionando, encontrei respostas racionais para minha crença, mas só o testemunho da força do Espírito Santo é que me fez encontrar meu caminho dentro da fé. Hoje sou fiel da Igreja Batista de Lagoinha.

\* \* \*

Dia 21 de maio de 2018, segunda-feira de manhã. Meu pai de criação estava dirigindo. Estávamos indo de Belo Horizonte, onde eu morava, para Ituiutaba. Nessa época, minha vida se resumia à advocacia particular e ao trabalho social que fazia. Não tinha tempo para mais nada, nem para ler notícias. Aquelas viagens, costumeiras, eram longas, para lá de dez horas dirigindo, cerca de 750 km de estrada não duplicada. Quando não era eu no volante, aproveitava para relaxar e divagar à vontade. Estava assim, pensando na vida, quando vi um monte de caminhões parados na pista. Fiquei sabendo ali, durante aquela uma hora em que ficamos detidos, que aquela greve de que eu tinha ouvido falar era séria.

Chegamos a Ituiutaba às 20h. Liguei para Mário Celestino, que depois virou meu assessor, e confidenciei a ele que algo me dizia que eu faria uma *live* especial naquela noite. Entendi que tinha algo explosivo em vias de acontecer. Na época, eu estava engajado em pautas relacionadas à Saúde, como contarei mais ainda neste capítulo. Por isso, o assunto da *live* era o direito ao acompanhante de parto. Naquela ligação eu estava tão confiante que falei algo como "não há nenhuma possibilidade de essa *live* ter menos de 1 milhão de visualizações", visto que esse era um número completamente fora do meu padrão naquela época.

## ANDRÉ QUEM? COMO CHEGUEI ATÉ AQUI

A certeza que eu tinha desse sucesso é porque não estaria impondo um assunto qualquer de forma gratuita. Pelo contrário, dentre as inúmeras pautas sobre Saúde, eu tinha percebido que esse era um tema sensível e pouco explorado.

Depois de conversar com Mário, abri às 21h o escritório minúsculo que eu tinha em Ituiutaba e iniciei a transmissão ao vivo. De forma bem agressiva, disse que tinha um monte de médicos vagabundos e safados que não deixavam as mães levarem acompanhantes, sendo que esse é um direito delas. Com a Lei 11.108 de 2005 na mão, eu orientava as pessoas a reivindicarem que a lei fosse cumprida. Eu estava certo, o vídeo explodiu. Hoje, enquanto escrevo este livro, o vídeo tem 10 milhões de visualizações.[4] Depois da transmissão, um amigo me perguntou por que eu não falava algo sobre a greve dos caminhoneiros. Respondi que ainda não tinha entendido se a população era favorável ou contrária às paralisações, que não queria entrar em bola dividida.

A *live* me trouxe um destaque que nunca tinha tido. Qualquer coisa que eu publicasse depois daquilo ia bombar. Uma das primeiras mensagens que recebi foi de um caminhoneiro da minha cidade natal. Ele

---

4 www.facebook.com/AndreJanones/videos/1879031142148423

se apresentava e reclamava que a imprensa só cobria a greve nacionalmente. Nada era feito no âmbito regional. Ele pedia que eu fosse até o trevo de Ituiutaba e gravasse um vídeo os apoiando. Perguntei se ele tinha o aval dos demais caminhoneiros, porque eu não queria ser acusado de me aproveitar do movimento deles. O caminhoneiro reforçou a idoneidade de seu pedido e fui dormir. Já passava das 23h, aquele dia havia sido muito longo. E intenso.

A manhã chegou e aquela reivindicação permanecia na minha cabeça. No dia seguinte, 23 de maio, eu estava almoçando na casa da minha irmã, que fica no mesmo terreno da minha mãe, quando tive um forte pressentimento. Algo poderoso como aquela certeza do sucesso da *live*, mas ainda mais forte. Entrei em um estado completo de foco e não tive dúvidas: "Deus não precisa de advogado. O fiel não precisa convencer ninguém, precisa testemunhar." Naquele momento, almoçando com minha irmã, senti o Espírito Santo me soprar que eu precisava gravar o vídeo que mudaria minha vida — e, por consequência, a vida de muita gente. Deixei o prato de comida pela metade e fui até meu quarto. Voltei para a mesa e perguntei para minha irmã:

— Carla Patrícia, qual camisa eu uso? A azul ou a xadrez?

## ANDRÉ QUEM? COMO CHEGUEI ATÉ AQUI

— Pra quê, André?

— Vou para a estrada, gravar um vídeo na BR!

— Então tanto faz!

— Você não está entendendo, esse vídeo vai mudar minha vida. Deus está me dizendo isso agora.

Ela não disse mais nada, me olhou impressionada e apontou para a camisa azul. Vesti a camisa e saí de casa. Quando se está no estado emocional em que eu estava, sente-se algo parecido com uma crise de ansiedade. Acelerei até o trevo de Ituiutaba. Saindo do carro, mandei um áudio para o caminhoneiro com quem eu tinha trocado mensagens, avisando da minha chegada. Cansado, ele me disse que estava indo embora. Expliquei que aquele vídeo seria da maior importância, que eu ficaria conhecido no Brasil inteiro, mas ele não se convenceu.

Segui até os caminhoneiros e, sem lhes dizer nada, saquei o celular e iniciei a transmissão. Foram 3 minutos e 41 segundos que quatro meses depois me colocaram na Câmara dos Deputados. Jamais pensei que testemunharia o poder de Deus de forma tão intensa.

Vamos à construção do vídeo. O que o fez se tornar um viral? Tudo começa pelo título. Eu tinha percebido que a população ainda não sabia como se posicionar, por isso escolhi um título que não fazia nenhuma afirmação sobre a greve, apenas instigava as pessoas a assistir a ele: "Urgente: não opine sobre a greve dos caminhoneiros antes de ver este vídeo." Depois, de improviso, no calor da hora, adicionei ao meu discurso três ingredientes que acredito que foram determinantes: 1) coloquei o MBL na parada, porque eles tinham uma projeção gigante na época; 2) critiquei o Temer, único posicionamento político que naquele momento unificava o país; 3) como tinha noção de que falar de Ituiutaba diminuiria a possibilidade de aquele vídeo bombar, eu disse que estava na BR que liga Uberlândia a Goiás.

Essa *live* rendeu 15 milhões de visualizações, 1 milhão de comentários e 1 milhão de compartilhamentos. É muita coisa para uma comunicação temporal, que só fazia sentido naquele momento. Em 12 horas eu já tinha ganhado 50 mil seguidores. Pulei de 55 mil para 100 mil. À meia-noite do dia seguinte, eu já tinha 200 mil. Quando os jornais começaram a notar minha existência e publicaram a primeira reportagem exclusiva sobre mim, em 30 de maio, eu já tinha 600 mil seguidores.

Todos os dias escuto alguém dizer que o Facebook morreu. Como assim? Mais de 60% do país está no Facebook. Até o começo de 2021, quando as conversas

## ANDRÉ QUEM? COMO CHEGUEI ATÉ AQUI

sobre minha pré-candidatura ficaram mais intensas, eu nem sabia que o Twitter ainda existia. Achava que essa rede tinha morrido havia dez anos. Eu pelo menos sabia o que era. Para as pessoas das classes C, D e E, o Twitter nunca existiu. Para elas, o Facebook funciona como um jornal. Se algo está lá, é notícia. Hoje, é no Facebook que a maior parte dos brasileiros se informa e, eventualmente, também se entretém — os vídeos motivacionais e de brincadeiras que aparecem no *feed* correspondem às colunas sociais ou à área de palavras cruzadas dos jornais.

Quem é o usuário do Facebook hoje? É parte de um público muito carente do ponto de vista material. Lá você não vai encontrar a Bruna Marquezine nem o Felipe Netto. Também não vai ver fotos de Paris ou de restaurantes chiques. Esse tipo de conteúdo é mal recebido lá. Facebook é telhado de zinco, parede sem reboco, não tem lugar para as casas dos sonhos que aparecem no Instagram. Quem está no Facebook hoje é quem ganha até dois salários-mínimos. E, para o usuário do Facebook, uma notícia lida lá tem o mesmo peso que uma notícia da *Folha de S.Paulo* para um assinante. Adivinha quem percebeu isso lá em 2018? Ele mesmo...

## JANONISMO CULTURAL

Quando um *post* no Facebook tem cara de notícia, ou seja, é um link acompanhado de foto e chamada, tanto faz para o usuário se no rodapé está escrito *Folha de S.Paulo* ou *Portal de Notícias do Brasil*. O que importa para ele é que essa identidade visual é de notícia. Na minha avaliação, o cabeça de conteúdo do gabinete do ódio, o cara que tinha uma sala ao lado da de Jair Bolsonaro, foi quem primeiro percebeu isso.

Ele criou dezenas de sites com textos favoráveis a Jair Bolsonaro de um modo que, na hora de compartilhar, o conteúdo era muito facilmente identificado como notícia. O caso mais clássico é o *Jornal da Cidade Online*, que no começo de 2023 ainda estava no ar "manchetando" que "Índios yanomamis desnutridos vieram da Venezuela para o Brasil". No Facebook, o engajamento dessas "notícias" não é tão bom — os algoritmos não incentivam a publicação de links que mandam os usuários para fora da rede —, mas elas explodem no WhatsApp. É ler, compartilhar e pronto. Um caminho sem volta.

Usados pela extrema direita, o Facebook e o WhatsApp são ferramentas terríveis. Bem utilizados pela ala democrática do país, podem se transformar em instrumentos poderosos. Acredito nisso; afinal, não acreditar seria negar o que aconteceu comigo. Na noite daquele

23 de maio, eu estava com dificuldade de usar meu celular porque havia divulgado meu número. Era uma enxurrada de mensagens. Às 3h da madrugada, insone, resolvi responder a algumas delas. Abri aleatoriamente uma das minhas 118 mil mensagens não lidas e — para mim em mais uma demonstração de Deus sobre minha vida ou, para os que não creem, mais uma coincidência inexplicável — li justamente a mensagem de Claudio, braço direito de Wallace Landim, o Chorão. Ele se apresentava como um dos líderes da greve e me convidava para ser o porta-voz do movimento. Os caminhoneiros disseram que estavam adorando meus *posts*.

Apesar de o vídeo ter viralizado, minha participação na greve estava prestes a acabar. Porém tudo mudou depois daquela mensagem. No dia seguinte, fui para a estrada só com a roupa do corpo. Saí para dar um pulo logo ali, em Uberlândia e, à noite, estava dirigindo para Catalão, em Goiás. Foi seguindo aquela estrada que percebi o quão alto podia voar. Fiz as contas e concluí que, com a quantidade de seguidores que estava ganhando, eu já teria votos suficientes para ser eleito deputado federal. Foi assim que só voltei para casa quando a greve acabou.

Um mês antes, eu havia me filiado ao Avante. Meu objetivo era concorrer a deputado estadual. Meu cálculo era simples, mas otimista. Em 2016, eu tinha sido candidato a prefeito de Ituiutaba e terminado a eleição em segundo lugar, com 13.759 votos. Se naquele ano eu conseguisse 15 mil votos na cidade e convertesse mais 20% dos meus seguidores no Facebook — na época eram 55 mil — em eleitores, teria 25 mil votos, o que talvez fosse suficiente para entrar. Se não, estaria ao menos em condições de disputar a prefeitura em 2020. Em pouco tempo tudo tinha mudado, os números ganharam outra escala. É assim nas redes sociais, os acontecimentos se dão num instante — para o bem e para o mal.

Minha relação com a política vem de longe. Quando me perguntavam o que eu gostaria de ser quando crescesse, respondia que queria ser prefeito. Porque, afinal, esse era o único cargo político que existia em meu imaginário àquela época. Recentemente, a filha de uma servente da escola onde estudei em Ituiutaba me contou que quando eu tinha 6 anos já dava essa resposta. Não à toa, logo que tirei minha carteira da OAB sabia que vincularia a advocacia a minhas pretensões políticas e a meu trabalho social.

Quando abri meu escritório, como uma espécie de defensor público, dediquei um período da minha semana — toda quarta-feira, das 9h às 11h — a atender de graça a quem não pudesse me contratar. Era pouco tempo, mas era o que eu podia doar naquele momento, ainda no início da minha trajetória profissional. Atendia casos bem populares, de violência doméstica, litígio por um terreno etc. Foi então que de repente se tornou frequente um tipo de caso que, apesar de específico, parecia ser um dos principais problemas de Ituiutaba: causas relacionadas à saúde pública. Chegava a mim cada caso que difícil seria eu não me tornar logo um defensor de pautas em torno da saúde.

O primeiro caso que venci foi o de uma mãe que precisava de UTI neonatal para uma criança. Isso foi muito marcante, porque ganhei a liminar e comemorei achando que tinha resolvido o problema, mas a prefeitura não cumpriu a decisão e a criança morreu. Em pouco tempo, percebi que não adiantava apenas ganhar. Era necessário cobrar. Comecei a ir até o secretário de Saúde, o presidente da Câmara, o prefeito. Todos me recebiam muito bem, serviam cafezinho, pão de queijo, batiam papo, afinal eu era um advogado em uma cidade pequena. Mas cadê as decisões sendo cumpridas?

O ponto de virada foi quando três pessoas morreram por falta de atendimento no mesmo final de semana. Foi aí que comecei a desenvolver meu estilo

## JANONISMO CULTURAL

barraqueiro, esse jeitão que os formadores de opinião definem pejorativamente como "populista", mas que, para mim, sempre foi uma maneira de conquistar atenção para causas justas. Eu estava para ser atendido em um dentista quando fiquei sabendo das mortes. Fui para o Facebook indignado. Eu dizia: "Ou a Saúde em Ituiutaba muda ou eu arranco o prefeito de lá." Quando saí da consulta, meia hora depois, a publicação tinha estourado: estava com 3 mil curtidas. Na época, era algo completamente fora do normal para meus padrões.

Tudo isso repercutiu mal nos corredores e gabinetes dos mandachuvas da cidade. Mas agora eu tinha muita notoriedade no espaço das redes sociais. Então, em vez de ganhar a liminar e pedir uma audiência com a autoridade responsável, passei a quebrar o pau no Facebook. Com menos conversa fiada, café e pão de queijo, comecei a salvar vidas. Liminar em mãos, eu me dirigia até as autoridades e as cobrava publicamente de forma acintosa, sempre transmitindo tudo ao vivo. Não demorei a perceber outra coisa: quanto mais sensacionalista eu era, mais repercussão ganhava.

Foi aí que entendi que o sensacionalista é quem transforma o ordinário em extraordinário. Do ponto de vista da comunicação sou exatamente assim, porque,

## ANDRÉ QUEM? COMO CHEGUEI ATÉ AQUI

no meio deste mundo repleto de informações, preciso atrair a atenção das pessoas para assuntos importantes. Sempre começo minhas *lives* falando: "AGORA", "URGENTE", "AQUI". Isso é disputa de espaço. Ser produtor de conteúdo para as redes sociais é como ser vendedor de praia: você precisa chamar atenção. O que acho disso? Se for para salvar a vida das pessoas, como eu fazia em Ituiutaba, vale a pena. E por que não lançar mão disso no meu trabalho em Brasília?

Naquela época, minha fama cresceu no boca a boca, mas também por causa do meu trabalho cotidiano no local mais obscuro e desacreditável do desacreditado Facebook: os grupos de brechó e compra e venda. Há dois brasis diferentes: o do interior e o das metrópoles. Isso está bem expresso no Facebook. No Brasil interiorano, você só sabe o que aconteceu na sua cidade se está inscrito no grupo do brechó.

Qualquer município brasileiro tem esses grupos de Facebook, cujo objetivo é comprar e vender objetos, procurar e oferecer serviços, alugar casas, trocar receitas culinárias, publicar notícias sobre a região. O maior grupo da minha cidade, por exemplo, chama-se "Ituiutaba interação". Lá você encontra de tudo um pouco. Esses grupos são verdadeiros celeiros de votos. A pessoa que está lá não tem opinião formada, ao contrário do Twitter. Ela está com a guarda baixa, suscetível. Quer se informar e socializar.

Hoje acredito que esses grupos, completamente fora do radar do *establishment* da comunicação e da política, são o futuro do Facebook. O cuidado que você deve ter ao explorar esse potencial é não ser explícito. Se o assunto do *post* é o preço do arroz, você pode introduzir o nome de Jair Bolsonaro e responsabilizá-lo pela inflação, mas não pode pedir votos para outro candidato, por exemplo. Foi assim que usei os grupos de brechó durante anos. Nunca para me promover diretamente, mas para, em meio aos assuntos que circulavam, tornar conhecido meu trabalho social.

Com muita paciência e sem nunca impor minhas pautas, mas sabendo escutar as demandas das pessoas, comecei a construir minha base de influência nas redes e na política. Também foi dessa forma que me tornei candidato a prefeito em 2016, pelo PSC — único partido que resolveu me bancar regionalmente, já que, como contei, eu não era muito benquisto entre as autoridades políticas de Ituiutaba —, e passei a sonhar com a Assembleia Legislativa. A greve dos caminhoneiros me pegou nessa etapa da carreira e me mandou direto para Brasília.

## ANDRÉ QUEM? COMO CHEGUEI ATÉ AQUI

Quando eu ainda estava entrando nesse movimento, não sabia que era tudo tão fragmentado. Ao ser apresentado a Chorão, ouvi que ele era um dos líderes da greve e comprei esse discurso. Com o passar dos dias, fui percebendo que a greve não tinha lideranças, até que elas se formassem no contato diário com a imprensa. Minha participação na comunicação consolidou Chorão como líder das paralisações, o convite dele me fez deputado. Nossa relação foi se estreitando até chegarmos a Catalão, quando vimos que ele foi citado por uma reportagem do *Fantástico*.

Aquele para mim foi o ápice da popularidade da greve. Mas enquanto eu estava com os caminhoneiros, fui percebendo que havia uma ala do movimento que pedia intervenção militar e fechamento do STF — muito antes de isso se tornar um perigo concreto no Brasil. Em pouco tempo, essa ala, da qual Chorão, verdade seja dita, nem fazia parte na época, começou a me ver como infiltrado do PT. Alguém tinha descoberto nas redes que eu fora filiado ao partido na juventude — o que é verdade; só saí por divergências com políticos regionais. Naquele dia em Catalão, Chorão foi embora para Brasília, para onde parte da liderança da greve estava se dirigindo, e nunca mais o vi. Ele comprou o discurso de que eu era um infiltrado.

A partir daí, a greve foi perdendo força e, apesar de eu ter ido até Brasília, minha participação no movimento também deixou de fazer sentido. Foram uns dez ou doze dias. Para mim, um ano inteiro. Ao final, eu tinha pulado de 55 mil para 920 mil seguidores no Facebook. Faltavam cerca de quatro meses para eu lançar minha candidatura a deputado federal. O que fiz nesse período foi falar do meu trabalho social, já muito bem documentado no meu Facebook.

Eu estava seguro de que minha taxa de conversão de seguidores em eleitores seria alta. Sobretudo por conta do atendimento social que eu fazia e que já envolvia uma boa dose de política. E a cobertura que fiz da greve me trouxe uma base muito forte. Um ponto a se levar em consideração: não atraia para sua base seguidores que você não poderá manter.

Um exemplo prático disso: em 2020, fui um dos deputados que menos gastaram cota parlamentar. Por causa da pandemia, acabei economizando muito. Minha equipe queria divulgar isso, mas não deixei, porque aquilo tinha sido uma eventualidade. Não era uma coisa que eu tinha certeza de que conseguiria manter, não é uma bandeira minha, por isso não queria atrair para minha página o público que busca esse tipo de deputado. E se eu gastasse muito no ano seguinte? Essas pessoas passariam a ignorar minhas publicações ou virariam meus *haters*. Juntos, esses dois comportamentos podem acabar com o engajamento de uma página.

Em 30 de outubro de 2018 fui eleito com 178.660 votos, fui o terceiro deputado mais bem votado de Minas Gerais. Chegando a Brasília — a Esplanada dos Ministérios e o Congresso ao fundo, à frente da Praça dos Três Poderes —, meu assessor perguntou se aquilo tudo me intimidava. Respondi que não, nem um pouco. Eu sabia quem era e sabia o que buscava. Nunca parei de fazer meus atendimentos jurídicos, faço até hoje com a ajuda de uma advogada da minha equipe. Vigiai. Sempre. Está na Bíblia.

# 7. Tocando o gado

Se eles diziam que Lula era "ex-presidiário", eu dizia que Jair Bolsonaro era "futuro presidiário"; se chamavam Lula de "ladrão de nove dedos", eu chamava Jair Bolsonaro de "ladrão de dez dedos". Mas eles se assustaram mesmo quando parei de chamar Carlos Bolsonaro de "bananinha" para chamá-lo de "miliciano de merda", "vagabundo" e "bosta". Antes do primeiro turno, enquanto eu ainda estava dividido entre a campanha presidencial e minha própria reeleição a deputado, esse foi o meu grande trabalho nas redes: devolver na mesma moeda. Ficou famosa uma charge de Marcel Melfi em que apareço despejando um frasco de próprio veneno na boca de Carlos Bolsonaro.

Desde o começo do meu apoio a Lula, minha estratégia principal foi clara. Eu precisava distraí-los. Quanto

## JANONISMO CULTURAL

mais tempo eles gastassem rebatendo minhas provocações, menos tempo teriam para as *fake news*. O problema é que eu tinha pouca influência no Twitter. E, se queria entretê-los, precisava fazer isso pelo Twitter, nunca pelo Facebook. O público do Twitter é completamente diferente do que está no Facebook, e essas bolhas quase não se misturam. O que é publicado no Facebook não vira notícia na mídia; o que é publicado no Twitter, sim. Não porque o Twitter tenha mais usuários, mas porque lá está a elite social e cultural do país: políticos, artistas, formadores de opinião. As classes A e B.

Curioso que o espaço virtual da elite, em que todos têm opinião formada, seja justamente a rede social da treta por excelência. O Twitter é a rede mais violenta que existe. Quem está lá busca lacrar, mitar — chame como quiser. Tenho a impressão de que se Jair Bolsonaro matar alguém em praça pública, os tuiteiros bolsonaristas vão defendê-lo. Aliás, Trump disse algo parecido: "Posso matar alguém na 5ª Avenida e não perderia votos."[5] Bati nessa tecla inúmeras vezes durante a campanha: Twitter é distração, não se ganha um voto lá. Seguindo essa lógica, provocar os bolsonaristas foi o melhor caminho que encontrei para ganhar os segui-

---

[5] www.noticias.uol.com.br/ultimas-noticias/efe/2016/01/23/poderia-
-atirar-contra-pessoas-na-5-avenida-e-nao-perderia-votos-diz-trump.htm

dores de que precisava. E eu nem podia acreditar na facilidade com que eles caíam nas minhas armadilhas.

Sabe quando o apelido pega até entre os amigos? Pois é. Eu estava bem na fase de ganhar seguidores no Twitter quando Fábio Faria, então Ministro das Comunicações e genro de Silvio Santos, publicou alguma coisa, nem me lembro mais o quê. Pensei um pouquinho: "Do que vou chamá-lo? Já sei! Com aquele topete e cara de canastrão, só pode ser gigolô!" Digitei. Apaguei. Escrevi de novo: "Gigolô da Jequiti", que é a marca de cosméticos do Grupo Silvio Santos. Pronto! Em duas horas o apelido estava nos cinco assuntos mais comentados do Twitter. Pegou geral. Segundo uma jornalista me contou, parece que até Jair Bolsonaro gostou. Nas reuniões ministeriais, só chamava o empregado de Gigolô da Jequiti!

Eles não estavam preparados para isso. Quanto mais violência eu usava, mais desnorteados eles ficavam. Respondiam a todas as minhas provocações, e Carlos até chegou a protocolar uma queixa-crime contra mim no STF. Carlos Bolsonaro, Nikolas Ferreira, Carla Zambelli, Rodrigo Constantino, Ricardo Salles e o já citado Gigolô da Jequiti, entre outros, foram responsáveis pela minha popularidade. Para mim, o Twitter poderia ser conhecido também como "a grande ferramenta de tocar

## JANONISMO CULTURAL

o gado". Comecei a eleição com 150 mil seguidores, terminei com 1 milhão. A extrema direita se acostumou a oprimir. Comecei então a devolver na mesma moeda: opressão aos opressores e intolerância com os intolerantes.

Até hoje há quem tente fazer um paralelo entre Carlos Bolsonaro e eu. São as falsas equivalências. Cansamos de vê-las nos últimos anos: Carlos Bolsonaro era radical de um lado e Lula, de outro. Se essa comparação tivesse se limitado ao mundo da Terra plana, seria compreensível, mas ela circulou também nas manchetes e editoriais dos principais jornais do Brasil. A mesma coisa vale para meu caso: o bolsonarismo tem figuras que insuflam ódio, logo o lulismo também tem. Já vivemos tempos delicados, com uma extrema direita raivosa, e esses paralelos mentirosos não ajudam em nada.

É verdade, eu os fiz provarem do próprio veneno, mas eles continuam saindo de casa à vontade, sem medo algum — no começo de 2023, Carlos Bolsonaro foi até passear na Disney. Eu, por outro lado, recebi 300 ameaças de morte. Durante as eleições, fui informado pela Polícia Federal de que meu nível de risco de vida havia superado o de Lula. Em uma escala de zero a dez, o risco de Lula era sete e o meu, oito. Em dezembro, depois da campanha, me arrisquei a sair sem disfarce e sem segurança para ir a um restaurante. Depois de 20 minutos lá, um homem vestido de terno e gravata começou a me chamar de filho da puta. Enquanto eu me retirava do lugar, ainda me ameaçou:

— Nós vamos te matar!

Não, não há equivalência — e não é de hoje. Esse ovo está sendo chocado há muitos anos. Alguém esqueceu dos grotescos adesivos de Dilma Rousseff com as pernas abertas nos tanques de gasolina, em 2015? Eu não. Felizmente, muitas vezes não é necessário responder na mesma moeda, basta estar atento e usar a inteligência que eles não têm. Foi assim naquele 26 de agosto. Faltava pouco mais de um mês para o primeiro turno das eleições, e Jair Bolsonaro tinha uma entrevista no programa *Pânico*, da Jovem Pan. Até aquele momento, ele nunca falava meu nome quando se referia a mim. Sempre me tratava por "deputadozinho", "hipócrita", "deputado fanfarrão", então eu queria que ele me chamasse de André Janones ao vivo. Comecei a desafiá-lo.

Novamente, era uma polêmica besta, mas que abria espaço para nossa campanha: enquanto eles prestassem atenção ao que eu dizia, Lula ficaria livre para se comunicar com seus eleitores, longe das *fake news* que de outra forma eles fariam circular. Só que eles ainda não estavam mordendo a isca. Então tive uma inspiração. Eu ia dar um jeito de fazer com que a própria Jovem Pan tirasse Jair Bolsonaro do sério. Um dia antes, pedi a meu assessor que enviasse um e-mail à Presidência da República proibindo Jair Bolsonaro de falar meu nome no *Pânico*. O linguajar da mensagem era jurídico, mas, claro, sem embasamento legal algum.

Durante a entrevista, publiquei o conteúdo do e-mail no meu Twitter e enviei a "notificação" para o e-mail da Jovem Pan. Em pouco tempo, a frase "Fala o nome do @AndreJanonesAdv" já estava nos *trending topics* do Twitter. Não deu outra. Os entrevistadores entraram no assunto e Jair Bolsonaro mordeu a isca.[6] Uma emissora séria faria isso? Claro que não, mas nós estamos falando da Jovem Pan! O resultado é que ele não só falou meu nome como começou a se defender das acusações de que era o mandante do assassinato da vereadora Marielle Franco, morta no Rio de Janeiro em 2017. Eu nem tinha falado de Marielle, mas quando o teto de vidro é grande...

Meu objetivo era engendrar o bolsonarismo em uma teia da qual eles não conseguissem sair. Eu chamava essas ações de "entreter bolsonarista" e "tocar o gado",

---

[6] www.youtube.com/watch?v=vDtqlQpD_jA&t=7087s

## TOCANDO O GADO

mas Gleisi Hoffmann preferiu batizá-las de "travessuras de Janones", nome mais carinhoso e bem-humorado. Dois dias depois do episódio do *Pânico*, em 28 de agosto, ela sentiu que minhas travessuras também seriam úteis naquela noite, durante o primeiro debate presidencial na TV:

— Janones, você precisa ir ao debate. Caso seja necessário, precisamos de alguém lá para desestabilizá-los.

Eu não queria ir, mas ela insistiu. Consegui encontrar um voo de última hora para São Paulo, onde os candidatos iriam se confrontar. Faltando poucos minutos para o início do debate, tudo montado, cheguei apressado à sede da Band e me deparei com a seguinte situação: na sala reservada aos assessores, separada do estúdio principal, os bolsonaristas provocavam toda vez que havia movimentação do nosso lado da plateia. Era alguém se levantar para falar alguma coisa, pegar um copo de água ou trocar de cadeira para a quinta série começar: "Petista ladrão!", "Lula nove dedos!" A turma do fundão, daqueles que faziam *bullying* e não estudavam para a prova, estava em peso lá.

Do nosso lado, Rui Falcão e a velha guarda do PT estavam escandalizados, não sabiam como reagir. Senti que era hora de revidar, fazê-los provar do próprio veneno. Peguei o celular, fui para a frente da fileira em que estavam Nikolas Ferreira, Ricardo Salles e Sérgio Camargo e comecei a fazer *selfies* enquadrando cada um deles ao fundo. Voltei para o meu lugar. O debate teve início. Abri o Twitter e comecei: "Olha aqui, pessoal, o Nikolas, mascote dos minions, está aqui." Enquanto os candidatos debatiam, fui atiçando um por um. Exatamente como eles fazem para acuar pessoas em restaurantes, shoppings, aeroportos e até hospitais.

A certa altura, Lula fez algum comentário sobre meio ambiente e Ricardo Salles começou a vaiar e xingar. Vi que a comitiva do PT estava cochichando com cara de indignação, mas demorei um pouco para entender o que estava acontecendo. Uma das consequências do meu TDAH é ter alta irritabilidade sonora. Às vezes não há outro remédio senão colocar uns fones gigantes e ouvir música — de preferência, clássica. No momento em que vi Salles gesticular, estava ouvindo Pavarotti. Com o celular em modo *selfie*, filmando tudo, parti pra cima dele ao som de *O Sole Mio:*

— Cala boca, seu vagabundo! Seu merda!

A coisa cresceu, virou gritaria e empurra-empurra. O debate quase teve que ser interrompido. Uma baixaria. Não me orgulho do "barraco", mas faria de novo porque, até àquele momento, nós tínhamos uma estranha guerra em que só um dos lados atacava.

## TOCANDO O GADO

Na hora, senti que o pessoal do PT e do entorno do presidente ficaram um pouco assustados com o meu comportamento, mas depois tive o apoio deles. O senador Randolfe Rodrigues, com quem ainda não tinha tido tanto contato na campanha, diverte-se contando essa história. Ele estava no avião durante o debate e, ao chegar ao seu destino, abriu o Twitter e viu que eu estava em primeiro lugar nos *trending topics* mundial. Ligou para Gleisi Hoffmann na hora.

— Não entendo, o Janones voltou com a candidatura? Só se fala nele no Twitter!

Naquela noite e no dia seguinte, a pauta das redes foi o bate-boca de Janones com Salles, não qualquer *fake news* que eles pudessem inventar depois de um debate em que Lula não se saiu muito bem. Lembro de o pessoal das redes sociais do PT comentar que eu poderia acabar me queimando, que talvez aquelas brigas devessem ser compradas pela militância, mas resolvi bancar. Jair Bolsonaro não poderia vencer as eleições: o que estava em jogo era muito maior que meu mandato, era a democracia. Foda-se minha credibilidade. Se eu me queimasse, teria mais quatro anos para reconstruir minha imagem.

\* \* \*

## JANONISMO CULTURAL

Desde que me tornei uma figura pública, há sempre alguém que me pergunta — geralmente jornalistas e pesquisadores — se eu interpreto um personagem nas redes sociais. Confesso que a primeira vez que ouvi esse questionamento, em 2019, levei um susto e nem soube o que responder. Conforme fui ganhando relevância fora das redes, no *establishment*, o comentário começou a surgir com cada vez mais frequência. Até entendo o que motiva alguém a pensar isso. Episódios como os do debate da Band e do *Pânico* mostram um cálculo da minha parte. Vejo isso como uma estratégia de comunicação, mas quem fala que sou um personagem na verdade está usando um eufemismo para dizer que sou de mentira.

Frente a frente com o juiz, quando atuava como advogado, eu andava para cima e para baixo de terno e gravata e assumia um modo específico de falar, respeitando os ritos de um tribunal. Se você não quiser tratar o homem do martelinho por "excelentíssimo", nem adianta tirar a carteira da OAB. Apesar de ser muito mais bélico, sem papas na língua, quando subo na tribuna da Câmara sou bem parecido com aquele André advogado. Agora, quem me conhece na intimidade sabe que vou ficar de camiseta e chinelo na primeira oportunidade que tiver. Além disso, sou bem calmo, gosto de uma prosa e de um café preto açucarado acompanhado de pão de queijo quentinho. Mineiro, né?

Não, não interpreto nenhum personagem! Ou melhor, todos nós interpretamos facetas de nós mesmos a todo momento. Não falo com a minha mãe do mesmo jeito que falo com um juiz, não falo na tribuna do mesmo jeito que falo no Facebook. Simples assim! Nas redes sociais, como em qualquer outro espaço coletivo da vida, o que faço é mostrar um determinado traço da minha personalidade — nunca publico nada da minha vida pessoal, por exemplo. Ninguém é tudo ao mesmo tempo, sempre se está revelando apenas parte de quem se é, e isso não tem nada a ver com mentira ou verdade.

O Janones que aparece ao vivo no Facebook com um colete de Fiscal do Povo, gritando e batendo na mesa, sou eu mesmo. O sentimento que tenho ao fazer minhas *lives* e escrever meus *posts* é genuíno, minha indignação frente à injustiça é genuína, a preocupação que tenho com quem está morrendo de fome no país é o que me move. Por isso, posso até trabalhar por temas importantes que não me emocionam, mas não vou comunicá-los como estou acostumado a fazer nas minhas *lives*. A maior parte do meu mandato fica de fora das minhas redes. Melhor falar de uma coisa bem e com sinceridade do que falar de centenas de assuntos de forma apressada e fria.

Para escrever um projeto de lei, vou usar de calma, racionalidade e bom português. Para explicar que o auxílio seria cortado em 1º de janeiro caso Jair Bolsonaro vencesse as eleições, vou gritar e bater na mesa mesmo, até porque preciso usar uma linguagem que meu público entenda. Não desejo ser um excelente orador, quero ser um bom comunicador. O que vejo cotidianamente é que os mais afetados pelas decisões econômicas — os mais pobres — simplesmente ficam de fora da discussão. Verbas, diretrizes, orçamento? Quem entende esse linguajar? Por que não posso me colocar no lugar de quem teve inúmeras carências na vida e fazer uma comunicação que contemple essas pessoas?

Rede social é ferramenta de comunicação, não é espelho. Ao final da campanha, esse meu pensamento me fez entender alguns receios da comunicação de Lula. Presidente ou não, Lula é uma instituição. Ele não pode se dar ao luxo, como eu, de escolher um único assunto, como o auxílio, para tratar em suas redes sociais. Ele precisa falar de tudo. Assim como qualquer instituição, ele tem uma imagem consolidada. Não pode começar a expor sua intimidade sem pensar muito bem no que está fazendo, como eu — que

# TOCANDO O GADO

também evito falar da minha vida pessoal — sugeri tantas vezes que ele fizesse.

Se Lula fosse olhar para o próprio umbigo, talvez nem valesse a pena ter se candidatado. Porque me parece óbvio que ele é maior do que qualquer eleição. Um homem que passou fome na infância, liderou um dos maiores movimentos operários do mundo, foi preso na ditadura, tornou-se o presidente mais bem avaliado da história do seu país, acabou perseguido e preso novamente para, no fim, ser solto, reconhecido como inocente — não é necessário gostar dele para entender que se trata de uma das biografias políticas mais impressionantes do mundo. Se Lula fosse pensar nos interesses dele, era melhor se aposentar e garantir que sua imagem ficasse resguardada.

Para a sorte de milhões de brasileiros, ele não só resolveu se candidatar como teve o sangue-frio que faltou a muita gente, inclusive a mim. De todas as pessoas do núcleo duro da campanha, Lula foi o único que não cantou vitória antes da hora. Ele sempre disse que estava preparado para os dois resultados no primeiro turno. O acúmulo de anos e situações que viveu lhe trouxe uma capacidade única de encarar qualquer cenário com a cabeça erguida. Foi o próprio Lula quem me disse isso ao se lembrar de momentos que exigiram dele muita resiliência, como instantes antes de ir para a prisão.

## JANONISMO CULTURAL

Essa capacidade de saber lidar com todos os cenários ficou muito evidente na noite de 2 de outubro, quando estávamos na Avenida Paulista e o vi discursando. Havia ali um público gigante, preparado para festejar a vitória no primeiro turno, tendo que lidar com uma votação completamente surpreendente de Jair Bolsonaro. Ali, enxerguei nitidamente o único personagem capaz de tirar o Brasil do atoleiro em que estávamos. Sacudi a decepção pelo resultado e me senti motivado para seguir na luta para retomar o país. Eu não tinha mais minha reeleição para me ocupar, iria me dedicar integralmente à campanha de Lula. Aquela promessa que eu havia feito estava prestes a se concretizar: nós iríamos atropelar Jair Bolsonaro.

# 8. Janones, eu autorizo

Atribuo à mobilização constante o inesperado desempenho de Jair Bolsonaro no primeiro turno de 2018, quando vimos uma série de bolsonaristas desconhecidos serem eleitos com votações surpreendentes. Ninguém sabia quem era Wilson Witzel, que se tornou governador do Rio de Janeiro e posteriormente sofreu impeachment, até ele passar para o segundo turno com mais que o dobro dos votos de Eduardo Paes. É verdade que aquele ano teve muito disparo ilegal de mensagens no WhatsApp e uso de robôs nas redes, mas a chave é essa mobilização intensa, contínua, desde o início até o último instante da eleição.

As redes sociais impuseram aos candidatos uma necessidade de atuar como quem está o tempo todo em um palanque, e a extrema direita percebeu isso. Por sua vez, o campo democrático seguiu agindo como no passado. Como se o mundo ainda fosse aquele em que na manhã da véspera da eleição fosse possível enfim relaxar porque tudo o que podia ser feito estava feito. Enquanto nós relaxamos, o trabalho deles continuou fervilhando nas redes, principalmente nas redes subterrâneas: os aplicativos de mensagens. Se no Twitter, no Facebook e no Instagram os bolsonaristas se mostram, no WhatsApp e no Telegram é onde eles nascem.

O próprio Jair Bolsonaro tem um grupo com mais de 3 milhões de membros no Telegram. E a diferença entre fazer parte dessa comunidade e segui-lo no Facebook é brutal. Quem faz parte de um grupo como esse está alistado para uma guerra. É um fanático. Vai espalhar *fake news* todos os dias, horas, minutos e segundos. Essa estratégia não ganhou apenas eleições, mas fez com que as pessoas acreditassem que a posse de Lula foi uma ficção produzida em um estúdio televisivo. Para se ter uma ideia da importância desses coletivos, Jair Bolsonaro liga no dia do aniversário de qualquer dono de grupo bolsonarista que tenha mais de 100 mil pessoas inscritas. Imagina como fica a cabeça já confusa de alguém assim, fanático, depois de receber uma ligação do então presidente da República?

É no Telegram que se cultiva a "narrativa" (como eles gostam de dizer) do mundo paralelo — mais tarde eu descobriria que essa é uma tática internacional da extrema direita. O Telegram é o nascedouro das mentiras que se disseminam nas redes. Ele é linha auxiliar do Twitter, enquanto o WhatsApp, com mais restrições de uso, funciona como apoio para a divulgação daquelas notícias falsas de que falei anteriormente e que são plantadas no Facebook. Por possibilitar a criação de grupos sem quaisquer restrições e operar fora do radar de ferramentas de monitoramento, o Telegram é terreno fértil para *fake news* e afins.

Só descobri em que escala eles usavam essas ferramentas depois da eleição. Quando cruzei os dados de redes sociais e buscas no Google, comparando-me com o então vereador e hoje deputado federal Nikolas Ferreira, percebi que apesar de minha relevância à véspera das eleições ser dez vezes maior que a dele, a votação do Nikolas superou sete vezes a minha. Por quê? Por causa dos aplicativos de mensagens. Fazendo uma analogia com uma peça de teatro, a apresentação acontece no palco, que são as redes sociais, mas os ensaios, a escolha de figurinos, cenários e maquiagem são feitos nos bastidores — no WhatsApp e principalmente no Telegram.

Por isso, não poderia ter sido em outro lugar senão no Telegram que um boato bizarro sobre Lula começou a circular em 4 de outubro, dois dias depois do primeiro turno. Eu estava em São Paulo, na produtora de Sidônio

Palmeira, publicitário baiano responsável pelo marketing da campanha de Lula, opinando sobre alguns conteúdos produzidos para a internet, quando alguém entrou na sala falando sobre um vídeo que estava viralizando. Era de um tal de Vicky Vanilla, um destrambelhado que se dizia satanista e apoiador de Lula, e que teria feito rituais para que o candidato do PT fosse ao segundo turno. Toda pinta de armação bolsonarista.

Até hoje não sei se essa história foi 100% obra do bolsonarismo ou se eles "apenas" ajudaram a espalhar o assunto, mas pouco importa. Vamos lembrar que a milícia de minions nas redes sempre usou e abusou de imagens para fazer ilações preconceituosas sobre tudo, inclusive sobre religiões... Mas o que importa mesmo é o que aconteceu a seguir: no mesmo momento em que soubemos do caso do suposto satanista, o monitoramento de redes da campanha apontou um outro vídeo repercutindo, ainda de forma tímida: Jair Bolsonaro em uma loja maçônica, em 2018. Imediatamente eu soube o que fazer.

— Sidônio, por acaso tem alguma igreja evangélica mais simbólica que o Templo de Salomão em São Paulo?

Ele disse que não. Não expliquei o motivo da pergunta, simplesmente seguimos com a reunião. Depois fui para o hotel trocar de roupa. Eu vestia blazer, camiseta e tênis, mas queria me camuflar um pouco, então escolhi uma camisa branca de manga curta e um par de sapatos. Chamei um Uber. O destino? Templo de Salomão. Já desci com o celular na mão, caminhando para aquele pátio imenso que tem na frente da igreja, e comecei a gravar:[7]

— Pessoal, vazou um vídeo aí do presidente Bolsonaro com a maçonaria, parece que com alguns rituais satânicos, é envolvido com seita etc. Como eu sou evangélico, muitos irmãos da igreja estão pedindo que eu me manifeste...

Esse foi meu cartão de visitas do segundo turno.

Se os bolsonaristas queriam brincar de difamação, eles tinham encontrado um oponente à altura. Naquele dia quebrei duas condutas minhas: não misturar religião e política e não falar da minha vida nas redes.

Na *live* em que falei do vídeo de Jair Bolsonaro na loja maçônica, também contei uma história pessoal. Em 2012, fui convidado a entrar na maçonaria e fiquei tentado. Na época eu era espírita, ainda não tinha conhecido a Igreja Batista, e só não me tornei maçom porque a mãe da minha então noiva, da Igreja da Congregação, disse que eu teria que escolher entre a filha dela e a ordem maçônica. Ela me falou de Tio

---

[7] www.facebook.com/watch/live/?ref=watch_permalink&v=784028716157720

Chico, um pastor que se apresentava como ex-bruxo e que dizia ter aprendido sobre ocultismo na maçonaria. Segundo ela, para ingressar na fraternidade era obrigatório fazer um pacto. Tio Chico é uma lenda. Vá a qualquer periferia deste país e pergunte para qualquer fiel sobre isso, ele vai saber do que você está falando. Eu sabia que essa história iria repercutir.

Depois de contar esse caso, passei a apresentar alguns outros fatos na *live*, além de fazer ilações. Afirmei que Jair Bolsonaro tinha feito algum tipo de pacto? Não. Mas, como foi à maçonaria, ele poderia muito bem ter feito, haja vista os boatos que circulam sobre essa ordem. Eu disse que os maçons são satanistas? Não. Inclusive deixei claro que não tenho preconceitos contra religiões e que eu mesmo sou um religioso. Da Igreja Batista da Lagoinha, a mesma de Guilherme de Pádua, apoiador de Jair Bolsonaro e preso por assassinar a atriz Daniella Perez. Por fim, à minha história pessoal acrescentei alguns dados, como o fato de que a Igreja católica é contrária à união de cristãos com membros da maçonaria.

Essa *live* foi uma das mais assistidas durante toda a campanha. Além do tema sensível, o Tempo de Salomão foi fundamental para esse sucesso. Não faço nenhuma menção a ele, não falo onde estou, não falo que sou daquela igreja. Nada. Uso o templo apenas como um elemento de identificação, que colabora com a comunicação não verbal. Quando um evangélico vê aquilo, ele entende na hora onde estou. Quando vou falar do meu trabalho como deputado, apareço de terno e gravata; quando vou tirar dúvidas sobre advocacia, uso só camisa e gravata; quando vou comunicar uma coisa leve, apareço de camisa polo. A *live* da maçonaria é aquela em que mais trabalho esses elementos de apresentação.

Faltava menos de um mês para o segundo turno e os bolsonaristas percebiam ali que ele seria longo. Da divulgação do boatinho do satanista apoiador de Lula, as redes deles passaram a uma defesa incessante de Jair Bolsonaro contra minha novela da maçonaria, que durou quase uma semana. Nos dias seguintes, fiz diferentes publicações sobre o assunto, como *posts* de pastores defendendo que evangélicos não devem ser maçons, mas principalmente um vídeo curto, de um minuto, no qual apresentava Jair Bolsonaro como anticristo.[8] Vídeos como esse — que terminava com ele dizendo que defende a tortura e imagens de Jesus sendo chicoteado no filme *A paixão de Cristo*, dirigido por Mel Gibson — tornaram-se recorrentes a partir daí. Cada lançamento era um estouro.

---

8  www.twitter.com/AndreJanonesAdv/status/1577801620099825664

## JANONISMO CULTURAL

No começo desse episódio, a campanha de Lula estava perdendo de dois a zero com o assunto do satanismo. Depois da novela da maçonaria, viramos para dez a dois. Atropelamos eles de um jeito que o outro assunto deixou de existir. O tempo que os bolsonaristas usariam divulgando um satanista pedindo votos para Lula eles precisaram usar para explicar a participação de Jair Bolsonaro em um culto maçom. Era importante demais nos anteciparmos, impormos assuntos dos quais eles não pudessem escapar.

Mesmo depois de passadas as eleições e da tentativa de golpe de 8 de janeiro de 2023, li jornalistas dizendo que eu sou o "mais bolsonarista dos lulistas". Fico achando que quem escreve essas coisas é cego, não vê o que está acontecendo no país. Vamos continuar achando que é possível conversar civilizadamente com quem literalmente caga e mija no Supremo Tribunal Federal? Com todo o prejuízo que isso poderia trazer à minha imagem, vencemos — ao menos as eleições. E, tenho certeza, as redes foram essenciais para isso.

Essencial também foi a participação da militância. "Janones, eu autorizo", frase que faz uma piada com o "Eu autorizo [o golpe]" ouvido em todas as mani-

## JANONES, EU AUTORIZO

festações bolsonaristas — e que tinha sido usada por mim para perguntar se meus seguidores davam autorização para eu continuar batendo nos bolsonaristas via Twitter —, tornou-se um meme completamente espontâneo, invocado até hoje. Foi no espírito do "Janones, eu autorizo" que comecei a explorar um novo campo de trabalho nas redes. Depois das "travessuras de Janones" e da novela da maçonaria, não bastava distrair o bolsonarismo, era preciso mobilizar nossa militância.

A mobilização eficaz, conforme o bolsonarismo já tinha demonstrado, dependia do Telegram, a ferramenta na qual você reúne a tropa de soldadinhos e dá o comando. Criei então o grupo "André Janones Telegram", que ganhou 120 mil inscritos nos primeiros cinco dias do segundo turno, quando me dediquei à sua divulgação. Passei a enviar por lá as diretrizes e explicações do que a militância deveria fazer em outras redes sociais e aplicativos, como Facebook, Twitter, Instagram e WhatsApp. Uma das diretrizes mais trabalhadas por mim foi a de segmentação. Eu repetia diariamente a necessidade de enviar conteúdos específicos para cada público.

Um dia comum no meu grupo do Telegram começava com um áudio meu: "Gente, presta atenção: o primeiro *post* que vou passar para vocês hoje é sobre o auxílio, então vocês todos vão criar subgrupos no

## JANONISMO CULTURAL

WhatsApp, mas vejam para onde vocês vão mandar o conteúdo. Não adianta mandar *post* sobre auxílio no grupo da academia onde a mensalidade é 1.200 reais, da mesma maneira que não adianta falar sobre agronegócio no Facebook." Hoje encontro pessoas que me dizem que estavam no meu grupo do Telegram e que tinham criado até dez grupos no WhatsApp.

O "André Janones Telegram", nomeado assim para ser facilmente buscado, foi também uma ótima oportunidade para colocar em prática uma comunicação centralizada a partir das minhas redes, uma estratégia que eu vinha defendendo todos os dias que a campanha do presidente seguisse. Essa centralização funciona como uma teia em que um ponto central distribui uma orientação única, para que seja repassada até as extremidades. Analisando o primeiro turno, percebi que cada perfil estratégico de apoio a Lula publicava uma coisa diferente, e na hora que queria. Eram centenas de assuntos circulando. Um falava da importância do Samu, outro do Bolsa Família, um terceiro do Luz Para Todos. Resultado? Com tanta dispersão, nada ganhava relevância para despertar o interesse do algoritmo.

As redes sociais — principalmente Facebook e Twitter — percebem os assuntos que estão sendo mais comentados e lhes dão relevância, por isso eu defendia tanto que precisávamos agir juntos. Não vejo bons resultados na estratégia de divulgação descentralizada. O ideal é buscar sempre partir de uma comunicação centralizada e depois ir difundindo orientações nos grupos privados de militância e seguidores. Uma comunicação centralizada garante um número alto de visualizações, o que significa uma vitrine, um destaque nos mecanismos de busca das redes.

Por não ser uma tática muito democrática, porque reúne decisões e pautas em uma única figura, essa estratégia nunca emplacou no campo progressista, mas tem sido largamente usada pela extrema direita. A *live* que fiz com Lula é um exemplo disso. Ela teve 85 mil pessoas simultâneas na minha página no Facebook, que é um número surreal para essa rede social. Se fosse no YouTube, esse número teria sido de 1 milhão, porque lá há outra medição. Ao final da *live* descobrimos que além do meu perfil havia mais 300 perfis publicando individualmente o mesmo conteúdo no Facebook — CUT, PT, MST etc.

O que me deixou frustrado é que na verdade essa *live* deveria ter tido mais de 2 milhões de visualizações simultâneas. E, no lugar de contabilizar 5 milhões de visualizações na época da produção deste livro, deveria estar com 25 milhões. Para que isso acontecesse, bastaria que os outros perfis tivessem repostado a *live* em vez de terem publicado-a individualmente em suas redes, o que tornou as visualizações dispersas. Novamente, isso é importante porque, quanto mais engajamento há em uma única publicação, mais atenção e relevância ela ganha para os algoritmos.

Apesar de menos democrática, tenho convicção de que a comunicação centralizada é a melhor opção, ao menos em campanhas. Em tempos de eleições, é necessário ir pra cima de forma agressiva e estratégica, batalhar com todas as armas, como se estivéssemos em guerra. Porque é de fato uma guerra.

As reuniões de pauta que começamos a fazer a partir do segundo turno, diariamente às 8h, eram, em tese, para resolver a questão estratégica. Mas na prática isso não acontecia. O episódio da participação de Lula no *Flow* deixou isso bem claro. Desde o primeiro turno eu batia na mesma tecla: *Flow, Flow, Flow*. E nada. Até que, logo nos primeiros dias do segundo turno, enquanto a novela da maçonaria se desenrolava nas redes, José Chrispiniano, atual secretário de imprensa do Governo, me contou que a participação de Lula estava confirmada no podcast para a semana seguinte.

Anote aí. É um suicídio fazer qualquer *live* no You-Tube — e esse é o jeito que os podcasts são transmitidos — sem anunciá-la para as pessoas. E eu só via os dias passando sem nada de divulgação acontecer. Havia um embargo da informação. Cobrei mobilização nas nossas redes para que a gente explodisse de público no *Flow*, não bastava apenas a divulgação do próprio podcast. Mas nada acontecia. Veio o domingo, 16 de outubro, dia do debate na Band. Lula não foi nada bem. Com nosso desânimo, as redes do bolsonarismo começaram a crescer. Sem respeitar o pedido para que não se falasse do *Flow*, publiquei uma foto de Lula: "E aí? Gostaram do show? Terça-feira, às 19h, tem mais ao vivo no *Flow*!" Aqui, eu matava dois coelhos com uma cajadada só. Primeiro, ao dizer que Lula deu um show no debate, eu trazia atenção às partes em que ele foi bem, deixando em segundo plano os momentos em que ele não brilhou tanto. As pessoas do próprio campo progressista buscavam entender a que parte eu estava me referindo e acabavam enxergando pontos positivos onde só reinava a negatividade. Segundo, com isso eu coloquei holofote na participação dele no *Flow*. Enquanto a esquerda vibrava com o show que ele daria, o outro campo dizia que seria um fiasco, que ele não bateria a audiência do Bolsonaro... cada um falava uma coisa, mas todos falavam sobre esse assunto. Ninguém mais falava do debate no qual Lula tinha ido de fato mal, e só se falava na participação que ele faria no *Flow*. Resultado? Estouro de audiência.

## JANONISMO CULTURAL

A partir daí, segui com meu esquema de divulgação, aproveitando para entreter os bolsonaristas com uma estratégia manjada. Sempre que falava da *live*, dizia que ia ser a maior audiência da história do *Flow*, muito maior que a de Jair Bolsonaro no mesmo programa. Óbvio que eles morderam a isca. No dia do podcast, quase surtei! Ninguém respeitou a recomendação de comunicação centralizada. Havia 1,1 milhão de pessoas assistindo no canal do *Flow* no YouTube, mais 200 mil no canal de Lula, além de 20 mil no do PT, e assim por diante. Nosso time estava jogando contra! Era óbvio que para bater a audiência de Jair Bolsonaro tínhamos que compartilhar o canal do *Flow*.

O tamanho de Lula, contudo, compensa qualquer trapalhada de comunicação. Batemos o recorde? Batemos. Mas podia ter sido bem melhor. Para mim, na verdade, nada disso fazia diferença. Obviamente, não era no *Flow* que a eleição seria decidida. O povo, a massa nem sabe o que é *Flow*, tanto é que eu simplesmente ignorei o assunto no meu Facebook — onde só trato de assuntos da vida real do povo. Meu objetivo com esse podcast, a busca pelo recorde de audiência e até meu empenho com a novela da maçonaria era o de sempre: manter as redes livres de *fake news*.

# 9. Toca Raul!

Depois do terrível marxismo cultural, delírio cons-
piratório da extrema direita que crê em um complô
de intelectuais, artistas pop e defensores do poliamor
para subverter os valores cristãos, algo real enfim
surgiu para assombrar os sonhos dos bolsonaristas:
o Janonismo Cultural! E o que eu, sem ter ideia de
em qual canto remoto das redes sociais esse termo
foi inventado, mas sabendo claramente que sou sua
inspiração — afinal, é o meu nome! —, penso sobre
isso? Que é um termo ótimo para explicar a situação
do Brasil no segundo semestre de 2022, algo que só
pode ser traduzido pelo velho Raul Seixas: "A arapuca
está armada/ E não adianta de fora protestar/ Quando
se quer entrar num buraco de rato/ De rato você tem
que transar."

## JANONISMO CULTURAL

A música é perfeita. Descreve os motivos da minha atuação nas redes — o tal do Janonismo Cultural — e também a situação política em que o país se encontrava sob Jair Bolsonaro: num buraco de rato. Não é por acaso, aliás, que, assim como os roedores, o bolsonarismo tem hábitos noturnos. Vi esse expediente se repetir inúmeras vezes: perto de 1h da madrugada, algum bolsonarista influente publicava uma *fake news* e deixava a notícia se espalhar até 6h da manhã, quando o conteúdo era apagado. Na madrugada, a mentira corria solta para no dia seguinte a fonte da "informação" já estar oculta. Por isso, trabalhar contra o bolsonarismo é acordar de manhã cedo para descobrir qual mentira você vai precisar combater.

Confesso que algumas vezes me excedi. Um dia, acordei com um *post* dizendo que Lula havia acionado o STF para derrubar o piso salarial da enfermagem. Aquilo estava começando a se espalhar e a única coisa que me ocorreu foi fazer o mesmo *post* trocando Lula por Jair Bolsonaro. Ou seja, na minha publicação era Jair Bolsonaro quem derrubaria o piso. As duas afirmações eram mentirosas, e no tuíte logo abaixo eu expliquei que estava publicando aquilo apenas para mostrar como a tática bolsonarista funcionava. Depois disso, eles entraram com uma ação e ganharam, então tive de deletar o *post*. Caso pudesse voltar no tempo, não repetiria isso. Mas no meio de uma batalha exaustiva, você tropeça. E muitas vezes cai atirando. O importante é saber se levantar e seguir.

As *fake news* recorrentes, marteladas dia e noite no mundo da Terra plana, muitas vezes nem chegam às redes sociais, mas você sabe dizer que elas fazem sucesso nos grupos de Telegram e WhatsApp porque às vezes aparecem na boca do próprio Jair Bolsonaro. Foi esse o caso em 7 de outubro, quando me sentei na cama para descansar depois de uma agenda intensa em Belo Horizonte e abri o celular. Logo de cara, pulou um aviso: Jair Messias Bolsonaro está ao vivo.[9]

Era uma coletiva no saguão de entrada do Palácio do Planalto. O então presidente estava falando com a imprensa e ao lado dele estava Datena, cabelo branco, óculos escuros, cara de mau, posando de segurança. Aos berros, Jair Bolsonaro reclamava que era perseguido por Alexandre de Moraes, que Lula é pinguço e que ele preferia estar na praia tomando água de coco, mas que estava ali, concorrendo à Presidência novamente pelo bem do "meu Brasil".

---

[9] www.youtube.com/watch?v=-VQJef2XPRU

## JANONISMO CULTURAL

— Compare, veja os meus ministros e os futuros ministros de Lula. Ele não fala quem vai ser, ele não diz quem vai ser. Está na cara que o José Dirceu deve estar na Segov [Secretaria de Governo], Gleisi Hoffmann na Casa Civil, Dilma Rousseff na Minas e Energia. Vai trazer essa quadrilha de incompetentes para comandar o Brasil. Não vai dar certo.

José Dirceu? Essa é *fake news* velha. Sempre que falta criatividade, eles vão de José Dirceu. Mas para o próprio Bolsonaro estar dizendo aquilo ao vivo, a fábrica de mentiras devia estar se preparando para agir na madrugada. Na hora, liguei para meu assessor e pedi que ele imprimisse em alta resolução todas as fotos que encontrasse de Jair Bolsonaro junto de Fernando Collor de Mello. Passada uma hora, elas chegaram. Agradeci, não falei mais nada para ninguém, saí do quarto e fui para o mezanino do hotel em um estado de concentração total. Apoiei o celular em cima de uma mesa e comecei:[10]

— Eu sou o deputado federal André Janones, vou explicar para você o que está acontecendo e vou pedir que você sente o dedo e compartilhe essa *live*! Mas compartilha muuuito, porque é só com a sua ajuda que

---

[10] www.facebook.com/watch/live/?ref=watch_permalink&v= 520071276617065

a gente vai conseguir esparramar nos quatro cantos do país a verdade de que Collor pode estar voltando como ministro e o povo brasileiro pode perder os benefícios, assim como aconteceu durante o governo Collor! E eu vou apresentar provas aqui!

O ministro de Lula vai ser José Dirceu? Tá bom. Então o ministro da Previdência de Jair Bolsonaro vai ser Fernando Collor de Mello. Simples assim. Ele realmente seria ministro de Jair Bolsonaro? Eu sei lá. Mas uma vez que ele apoiou Jair Bolsonaro, poderia muito bem ser. Ele iria confiscar benefícios como a aposentadoria? Não sei, mas ele confiscou as poupanças quando foi presidente. Além disso, Fernando Collor perdeu a eleição para governador em Alagoas e com certeza buscaria um cargo em um possível governo.

Em certo momento da *live*, até deixo claro que tudo está no campo das suposições, explicando que Jair Bolsonaro tinha acabado de dar uma declaração falando que Gleisi Hoffmann poderia ser ministra. Ele tinha mentido? Não. Baseado no fato de que ela apoia Lula, ele estava cravando uma opinião, do mesmo jeito que fiz ao citar Fernando Collor. Só evitei mencionar José Dirceu porque isso sim poderia alimentar a *fake news* que eles estavam se preparando para espalhar.

## JANONISMO CULTURAL

E por que ministro da Previdência? Porque, num golpe de sorte, uma das fotos que meu assessor encontrou mostrava juntos em um palanque: Fernando Collor, Jair Bolsonaro e Rogério Marinho, que ocupou exatamente essa pasta. Talvez eu estivesse certo mesmo!

— Se Collor for ministro, cês marra as calça! Porque ele vai tirar tudo do povo, igual fez da outra vez!

Como na novela da maçonaria, essa *live* foi acompanhada de inúmeras publicações, inclusive de um vídeo curto, de um minuto, nos moldes do que eu já tinha feito com o vídeo do "Bolsonaro anticristo". Nele, apresentei Fernando Collor,[11] mesclando imagens de apoio a Jair Bolsonaro com reportagens antigas sobre o confisco da poupança, a morte de Paulo César Farias e rituais ocultistas na Casa da Dinda. Tragédia evitada não tem como ser comprovada. Se amanhã você sair de casa dez minutos atrasado e por isso não for atropelado, nunca vai saber. Jamais teremos certeza se essa estratégia evitou que a *fake news* se espalhasse, mas fato é que os bolsonaristas passaram dias desmentindo minha novela.

Em algum momento eu menti? Apenas devolvi na mesma moeda, despejei o próprio veneno na goela deles, atendi aos chamados de "Janones, eu autorizo".

---

[11] www.facebook.com/watch/?v=405744988421764

Do jeito que apresentei a situação, de maneira curta, rápida e sensacionalista, muito eleitor entendeu o recado: "Aquele playboy que confiscou o dinheiro de todo mundo no começo dos anos 1990 sobe no palanque com Jair Bolsonaro. Melhor não pagar para ver." Já era a segunda vez que, além de distraí-los, eu virava votos. Desde a novela da maçonaria, estava me especializando em lacrar no Twitter, ao mesmo tempo que aparecia de terno e gravata para disputar votos no Facebook.

Não existe *a* rede social, existem *as* redes sociais. Cada uma tem sua especificidade e é impressionante como essas bolhas digitais quase não se tocam. Quando há pontos de contato, o próprio comportamento do usuário muda, dependendo de onde ele está. A mesma pessoa que vende uma tábua de passar em um grupo de brechó no Facebook pode estar no Twitter lacrando. Ela sabe, mesmo por intuição, que são espaços diferentes, com lógicas diferentes. O próprio estado de espírito é afetado pelo tipo de conteúdo que se consome em cada rede. Quem está no Instagram, vendo fotos de casas lindas e viagens dos sonhos, está relaxado; quem está no Twitter, lendo minha última treta com Carlos Bolsonaro, está tenso. O segredo é conhecer bem cada rede e seu público.

## JANONISMO CULTURAL

Mas há algo que une boa parte das redes sociais, um dilema que explica como as minhas novelas da maçonaria e de Fernando Collor — baseadas em *lives* feitas no calor da hora, *posts* apressados e provocações — conseguem ser mais eficazes do que as produções de audiovisual feitas para as campanhas. O que se deve avaliar antes de qualquer coisa — não importa se em uma rede institucional ou pessoal — é o seguinte: você busca entrega ou estética? Ou você faz uma campanha bonita, com vídeos e publicações bem-acabadas, ou você tem audiência. É um ou outro, nas redes nunca dá para ter os dois.

Vou citar um exemplo caro a mim. Ao falar sobre auxílio emergencial, tenho duas possibilidades. Se optar pela estética, posso fazer um vídeo bem produzido, com câmeras profissionais, figurino e cenário, explicando tudo sobre o tema calmamente, em uma linguagem acessível. Vou gastar muito dinheiro e conseguirei no máximo 10 mil visualizações. Agora, se eu optar pela entrega, sigo a receita do Janonismo Cultural. Ou seja, divido o assunto em capítulos de uma novela inesgotável, fazendo *lives* curtas, sempre com meu celular no modo *selfie* e usando um linguajar que dá sentido de urgência para o assunto. Vou gastar pouco dinheiro e ter cerca de 5 milhões de visualizações por *live*.

# TOCA RAUL!

Ao longo da campanha, escutei algumas vezes que minha comunicação no Facebook "baixa o nível". Eu baixo o nível por não fazer *lives* produzidas, por usar uma linguagem popular ou por publicar textos e imagens que não passam por um crivo tão subjetivo como o "bom gosto"? O que sei é que falo de maneira que as pessoas entendem. E principalmente: obedeço a regras básicas da comunicação em redes sociais, em vez de fechar os olhos para elas. Já ouviu a frase "a crise é estética", para falar da ascensão da extrema direita nos últimos anos? Ora, isso é pedantismo. Acho que está na hora de descer do salto alto — e aqui falo especificamente da esquerda e do campo progressista em geral.

É preciso pensar em modos de se combater o bolsonarismo para além das redes sociais, claro, mas antes é urgente estudar o manual das redes e melhorar nossa comunicação. Não posso questionar, como me questionaram em reuniões da campanha, o fato de que tuitar 60 vezes ao dia vai diminuir o alcance das publicações. Vai diminuir e ponto final. Discorda? Vá tirar satisfação com Elon Musk, dono do Twitter.

Não inventei essas regras, elas são impostas pelas redes sociais. O que faço é usá-las a favor do que preciso comunicar. Quer dizer que só posso fazer conteúdo que priorize a entrega? Não. Eu mesmo, na minha reelei-

## JANONISMO CULTURAL

ção a deputado, fiz vídeos produzidos. Mas no meio de uma campanha em que o outro candidato vocifera preconceitos, é negligente com a saúde pública e fã de torturador, me parece óbvio que a opção tem que ser pela entrega. E, se você optou pelo alcance, não cabe discutir se as publicações de uma figura pública como Lula devem ser em primeira ou em terceira pessoa, assinadas pela "Equipe Lula". Ninguém segue o presidente para ler o que os assessores dele escrevem.

O próprio Lula tem que aparecer o tempo todo nas redes expondo sua intimidade? Isso eu entendo que pode ser problemático. Agora, não dá pra discutir se a foto em formato *selfie* vai ter ou não mais engajamento, porque é fato que terá, em média, 20% a mais. Não tem discussão. Assim como o Twitter não é lugar para falar de auxílio, porque simplesmente ninguém está no Twitter para se informar sobre o auxílio. Mas o formador de opinião que está no Twitter não pode ajudar na divulgação das informações? Não! Ele não tem qualquer influência sobre quem recebe o auxílio. Quem recebe o auxílio não assiste à GloboNews nem lê *Folha de S.Paulo*!

Já disse aqui, rede social não é praça pública! É um ambiente extremamente monetizado. Tudo o que você faz lá dentro, qualquer curtida, qualquer comentário, qualquer foto publicada do seu bebê, vale dinheiro! Por isso, não se publica link do YouTube no Facebook. Essas duas redes têm donos diferentes, que estão competindo por sua atenção. Imagine-se entrando no estádio do Corinthians para dizer que o campeão dos campeões é o Palmeiras. No mínimo você vai ser mal recebido. Nas redes sociais, vão derrubar o engajamento de todas essas publicações linkando concorrentes. Aliás, tente não publicar links em nenhuma rede social. Os donos delas querem que você fique lá dentro e vão puni-lo se você começar a convidar as pessoas a sair de lá.

"Ah! Mas *selfie* é cafona. Quero fazer uma foto produzida e depois contratar um designer para colocar uma identidade visual por cima dela, com um logo e espaço para colocar umas aspas." Não vai dar audiência! Tenha sempre em mente que a rede social, não importa qual, quer que você gaste dinheiro com ela, não que você gaste dinheiro para fazer um conteúdo bonito. Por isso, quanto melhor for sua publicação, em termos estéticos, menos público ela vai alcançar. A não ser que você patrocine, pague um pedágio, para alavancá-la. Deu para entender o dilema?

As redes sociais decretaram o fim da ilusão da bossa nova. E não sou eu quem diz, é o Chico Buarque! No documentário *Chico — Artista brasileiro,* ele fala sobre

## JANONISMO CULTURAL

os saudosistas da bossa nova, um povo de muito bom gosto que afirma ter sido esse o ritmo mais popular do Brasil nos anos 1960 só porque uma minúscula elite ditava o que devia ou não ser gravado em disco naquela época. A bossa nova nem de perto foi o estilo musical mais ouvido pelo povão naquele tempo. O que estou dizendo é que parte da sociedade e da classe política precisa aprender a se comunicar com o Brasil real, deixar de falar para uma bolha elitizada.

Não tenho resposta para muitas questões e dilemas da comunicação que se apresentam hoje. Mas sei alguma coisa sobre redes sociais, principalmente Facebook e Twitter, que, ao lado do Telegram, eram, cada um à sua maneira, os espaços determinantes para a disputa eleitoral em 2022. Com o manual de instruções debaixo do braço, afirmo: não é possível fazer frente ao bolsonarismo nas redes sem jogar o jogo, sem novelas como as de Fernando Collor e da maçonaria. O que faço nessas horas? Peço para tocar Raul! "Quando se quer entrar num buraco de rato/ De rato você tem que transar."

# 10. As frentes táticas

Além de citar Raul Seixas, posso definir o Janonismo Cultural como uma tática em três frentes. A primeira é a distração. Essa você já conhece bem, ela foi o centro do meu trabalho em 2022. A segunda é a frente ganha-votos, algo que pratiquei amplamente no Facebook ao falar diariamente sobre os temas da vida cotidiana da população. Nela, meu assunto preferido foi o auxílio e tudo que o envolvia. Algumas vezes consegui aliar a distração ao ganho de votos, como nos casos da maçonaria e de Fernando Collor. E eu estava contente com os resultados dessas minhas novelas, mas o melhor ainda estava por vir. A terceira frente tática, que é a mobilização, só coloquei em prática no segundo turno, com o Telegram.

A mobilização sempre foi o ponto fraco da comunicação da campanha de Lula. Nesse quesito, o segredo é

## JANONISMO CULTURAL

o intimismo e a constância, especialidades do bolsonarismo. Na primeira quinta-feira depois do segundo turno, Jair Bolsonaro foi a um evento em Belo Horizonte. Pouco antes, entrou no Telegram e mandou um áudio mais ou menos assim: "Fala, pessoal, capitão aqui. Seguinte, amanhã, às 14h, eu vou estar em BH, vou precisar de vocês lá. Abraço." Lula iria para a capital mineira alguns dias depois, no domingo. No sábado, nossa campanha começou a divulgar um áudio chamando o povo para o evento. Quando fui ouvir, me deparei com um locutor de rádio nos moldes do que se fazia nos anos 1950 dizendo algo mais ou menos assim: "Atenção! O presidente Lula estará neste domingo, ao meio-dia, na Praça da Liberdade. Lula! O presidente do Brasil!"

Não é óbvio qual áudio vai ter mais apelo? Isso não é novidade. Quando uma pessoa está assistindo a um filme, sabe que aquilo é mentira, mas se permite viver uma fantasia. Quando o seguidor de Telegram de Jair Bolsonaro recebe um áudio como aquele, tem essa mesma sensação. É claro que Jair Bolsonaro não mandou aquilo para ele, mas essa é a sensação que passa. Seu eleitor vive aquela fantasia. Quando Jair Bolsonaro se comunica dessa maneira, envolve seu interlocutor, que deixa de ser um mero apoiador e passa a ser parte da campanha.

## AS FRENTES TÁTICAS

Foi para fomentar o intimismo que Jair Bolsonaro fez inúmeras *lives* ao longo do mandato dizendo que estava difícil fazer determinada coisa. Isso não colaria em nenhuma outra situação. Como assim está difícil fazer? Você foi eleito pra fazer. Vai lá e faz. Mas aí entra o intimismo, a pessoa se sente próxima a ele e compra o discurso. O melhor exemplo disso é o caso do preço dos combustíveis. Jair Bolsonaro criou a figura da auto-oposição: ele fazia oposição à política de preços da Petrobras, que em última instância era definida por ele mesmo. E seus seguidores aceitavam, porque também se sentiam parte do governo.

E a constância? Antigamente era comum ouvir, em tom de crítica, que fulano "não desceu do palanque". Hoje, não descer do palanque se tornou algo positivo. Jair Bolsonaro não desceu do palanque durante os quatro anos de mandato como presidente. Nem depois. Faz *lives* semanais, nunca deixa de se comunicar, e ainda hoje, na época da produção deste livro, sua máquina de ódio continua ativa, espalhando *fake news* e estimulando ações golpistas como as de 8 de janeiro de 2023. Há muitas coisas que Lula, o PT, a esquerda e o campo democrático como um todo poderiam fazer para conseguir mais mobilização. Mas a verdade é que só um governo autoritário poderia ter se dedicado à mobilização com

## JANONISMO CULTURAL

o afinco de Jair Bolsonaro. Se a comunicação nas redes for vista como um fim na atividade política, e não um meio, em que momento o presidente vai trabalhar? Essa é uma discussão para a qual não tenho resposta. O que sei é: se você não ocupar o espaço, alguém vai ocupá-lo.

Apesar das fragilidades da campanha de 2022, em momento nenhum ficamos presos nas teias de mentiras do bolsonarismo como em 2018. Isso porque Jair Bolsonaro facilita a vida de qualquer um que saiba se aproveitar das fragilidades dele. O capitão é uma fábrica de produção de absurdos. Estamos falando de um homem que faz chacota de pessoas morrendo,[12] que se declara favorável a um torturador,[13] que diz publicamente já ter tido relações sexuais com animais[14] — parece que é mentira, mas não é. Eu me aproveito disso tudo, inclusive da zoofilia,[15] para distrair, ganhar voto e mobilizar. E a verdade é que a quantidade de absurdos é tão grande que eu poderia passar a vida inteira executando a tarefa que me coube durante a campanha.

---

[12] www.youtube.com/watch?v=g4K_WlfUhuI

[13] www.veja.abril.com.br/politica/bolsonaro-afirma-que-torturador--brilhante-ustra-e-um-heroi-nacional

[4] www.istoe.com.br/andre-janones-compartilha-video-em-que--bolsonaro-teria-admitido-zoofilia/

[15] twitter.com/AndreJanonesAdv/status/1578173605682335746

## AS FRENTES TÁTICAS

Eu acreditava que o bolsonarismo tinha batido num teto, inclusive em relação às mentiras. Supunha que Lula já havia perdido o que poderia perder em termos de eleitores dispostos a acreditar que ele fecharia igrejas. Mas eu estava subestimando a canalhice e a capacidade de mobilização dos nossos adversários, que envolvia até uma emissora de rádio e televisão.

No dia 19 de outubro, a menos de duas semanas do segundo turno, o pastor evangélico André Valadão gravou um vídeo vestido de preto, em frente a um fundo também preto, segurando uma suposta intimação do TSE. Ao fundo, acordes tristes tocados por um violino enquanto ele dizia:

— Dias atrás, recebi em minha residência uma intimação do TSE, através do senhor Alexandre de Moraes. E eu venho me declarar, a partir dessa intimação, dizendo que Lula não é a favor do aborto. Lula não é a favor da descriminalização das drogas. Lula não é a favor de liberar pequenos furtos. Os trombadinhas [não] entrarão na sua casa, [não] roubarão sua TV, [não] roubarão seu celular, você [não] correrá risco de vida e nada acontecerá com eles. Lula não é a favor, literalmente, de colocar uma regulação na mídia, onde você vai perder o poder de expressar sua opinião, expressar o seu culto. É isso. Deus abençoe o Brasil.

## JANONISMO CULTURAL

Com o papel em mãos, como se fosse um ator profissional, o cara de pau do Valadão se superou. Ele realmente conseguiu passar a sensação de que estava sendo coagido a ler aquelas palavras. Nível Fernanda Montenegro. Claro que tudo era mentira. Nem a parte do TSE era verdadeira, a intimação nunca existiu. Só que a mentira tinha começado a pegar.

No dia seguinte à divulgação do vídeo de André Valadão, eu estava ouvindo a rádio Jovem Pan quando Ana Paula do vôlei disse que o MST era um movimento de criminosos e terroristas. "Ana Paula, Ana Paula, não, não, não, você não pode falar isso", interrompeu o âncora do jornal, em uma clara simulação de que eles estariam sendo censurados. Meu termômetro das redes dizia que aquilo estava ficando perigoso. Aquela poderia ser a mamadeira de piroca de 2022. E, antes de seguir, é importante repetir que, sim, as pessoas realmente acreditaram na mamadeira de piroca em 2018.

Gleisi Hoffmann estava a par da militância do meu canal no Telegram. Estávamos preocupados porque não conseguíamos virar o jogo. Foram três dias de agonia, até que fomos salvos por um velho desafeto do PT. Em 23 de outubro, o domingo anterior ao da votação, Roberto Jefferson, ele mesmo, transformou-se no herói improvável daquela reta final de campanha eleitoral.

## AS FRENTES TÁTICAS

Abordado em sua casa com um mandado de prisão, o ex-deputado bolsonarista disparou 50 tiros de fuzil e arremessou três granadas contra os agentes da Polícia Federal. Até hoje não sei se aquilo era parte de alguma tática diversionista que não funcionou ou se ficou mesmo por conta da insanidade de um homem que se via como retaguarda contra o avanço do "ateísmo marxista-comunista". O que eu sabia é que nós tínhamos uma oportunidade única de tirar o foco da suposta censura aos bolsonaristas e finalmente ganhar a eleição.

Segundo levantamento de Fábio Malini, pesquisador do Labic (Laboratório de estudos sobre Imagem e Cibercultura), naquele dia fui o principal veículo de imprensa do Brasil. Não fiz outra coisa senão divulgar notícias como se estivesse no local da tentativa de homicídio contra os policiais, tuitando de 20 em 20 minutos. E sempre que ia citar Jefferson, tomava o cuidado de qualificá-lo como "coordenador informal da campanha do presidente Bolsonaro". Repeti essas palavras à exaustão, até desestabilizar o campo bolsonarista. Jair Bolsonaro estava ao vivo em uma *live* de Neymar quando o Gigolô da Jequiti comentou que eu estava dizendo que o Bob Jeff era o coordenador informal da campanha dele. O então presidente mordeu a isca outra vez, ao vivo:

## JANONISMO CULTURAL

— Não tem uma foto minha com o Roberto Jefferson!

Pronto, começam a pipocar dezenas de fotos em que os dois aparecem juntos, inclusive no Palácio do Planalto. Jair Bolsonaro entrou na Justiça para me impedir de dizer que Roberto Jefferson era o coordenador da sua campanha, mas minha defesa está sempre coberta. Diferentemente deles, eu não minto. A palavra "informal" era minha salvaguarda. Coordenador informal é qualquer pessoa que ajuda, que de alguma forma auxilia na campanha.

Antes de eu receber qualquer notificação, contudo, peguei o celular e resolvi jogar mais um pouco do próprio veneno na boca deles. Abri a *live*:

— Pessoal, deputado federal André Janones aqui. Estou aqui para dizer para vocês que Roberto Jefferson não é coordenador informal da campanha do presidente Bolsonaro. Roberto Jefferson também não esteve com o presidente Bolsonaro na comitiva que foi para o Pará no dia 7 de dezembro de 2021 e que inclusive foi transmitida pela TV Brasil. Roberto Jefferson também não fez um discurso pró-Bolsonaro na churrascaria Nativa no dia 15 de abril de 2020, onde foi aplaudido pelo próprio presidente...

E então passei a listar uma série de fatos reais como se eles não tivessem acontecido. Ao contrário de André

## AS FRENTES TÁTICAS

Valadão, que mentiu ao dizer que o TSE o tinha autuado, não citei a Justiça. Apenas disse que essas coisas não tinham acontecido e, em seguida, comecei a divulgar uma imagem em que aparecia com a boca tampada por uma fita, como se estivesse sob censura. Ali quebrei as pernas deles. Eu estava com um engajamento sobrenatural. O nosso campo é mais forte, tanto é que vencemos a eleição, mesmo com Jair Bolsonaro usando a máquina pública a seu favor como nunca um candidato havia ousado fazer.

Nas redes, nós não perdemos nenhuma disputa. Mesmo ao sermos atacados, busquei controlar o ambiente o tempo todo. Não contrapus a narrativa deles dizendo que Lula não ia censurar ninguém, contrapus gritando mais alto que era Jair Bolsonaro quem já estava censurando. Pode parecer ridículo, mas tem lógica. O eleitor comum percebe essa disputa como mera politicagem, porque ambos os lados estão dizendo a mesma coisa. Assim, aquilo simplesmente deixa de importar para sua decisão. Alguém precisava descer do salto alto e bater neles também, porque desmentir *fake news* e ser propositivo seria repetir uma estratégia que claramente não deu certo em 2018.

Estávamos nos encaminhando para os últimos dias de campanha quando saiu uma reportagem afirmando

## JANONISMO CULTURAL

que Jair Bolsonaro e eu éramos os mais populares nas redes sociais brasileiras. Ele tinha 38% de índice de popularidade digital, eu tinha 32% e Lula, 15%. Para minha surpresa, fui muito parabenizado pelos integrantes da campanha. Eu não entendia o que eles achavam que deveria ser comemorado. Em vez de agradecer os elogios, chutei o pau da barraca:

— É sério que vocês estão me parabenizando por ter mais engajamento do que um homem que liderou o país duas vezes e que está em primeiro lugar nas pesquisas? Isso é um baita motivo de vergonha, Lula é quem deveria estar liderando!

Nunca fui insensível às dúvidas por parte da comunicação de Lula em relação ao que fazer, mas estava cansado de dar sugestões que eram ouvidas, mas não acatadas. Por isso, chamei Gleisi Hoffmann no WhatsApp:

— Gleisi, eu estou autorizado a falar em nome do Lula nas minhas redes?

Ela deu o aval.

A partir de então, passei a fazer meu trabalho sozinho. Não participei mais de reuniões ou conversas. Isolei-me. Saí de todos os grupos de WhatsApp e não respondi a mais ninguém, nem aos assessores próximos a Lula. Tudo que aconteceu nos dez últimos dias de campanha foi feito do apartamento velho e

## AS FRENTES TÁTICAS

mofado em que eu morava em Brasília — o único que tinha conseguido no meu primeiro ano como deputado. Poder contar no meu grupo do Telegram que eu havia acabado de falar com Lula e que ele tinha me dito para pedir ajuda aumentou drasticamente meu poder de mobilização. Além disso, o gênio do Jair Bolsonaro ainda nos daria dois presentes antes de 30 de outubro.

## 11. Desestabilizando Jair Bolsonaro

— Janones, onde cê tá?!

— Janones, cadê você?!

— Janones, cê tá dormindo?!

Eram 17h30 do dia 15 de outubro de 2022 quando acordei e vi as mensagens no meu celular. Sim, eu estava acordando naquele horário. Depois de mais de um ano e meio de trabalho sem folgas, descansando no máximo cinco horas por noite desde o lançamento da minha pré-candidatura em 2021, tive um sábado relativamente tranquilo. Deitei na cama por cinco minutos para mexer no celular e acabei apagando. Pura exaustão.

Acordei, mas, não fosse o fato de estar em um dos momentos mais decisivos da campanha, preferia ter ficado dormindo. Ninguém merece acordar para dar de cara com um vídeo de Jair Bolsonaro dizendo que

## JANONISMO CULTURAL

"pintou um clima" entre ele e "menininhas bonitas de 14 ou 15 anos".[16] A história, contada em entrevista ao canal Paparazzo Rubro-Negro, estava viralizando em todas as redes. Ao vivo, diante de microfone e câmeras ligadas, o presidente da República sugeria ter assediado menores de idade, imigrantes da Venezuela. Não é necessário inventar nada para difamar Jair Bolsonaro, ele próprio já faz o serviço.

Qualquer brasileiro que não vive em um mundo paralelo se indignou com aquela declaração. Nesse caso, meu papel foi apenas o de garantir que o assunto não virasse mais um item na lista de "absurdos ditos pelo Bolsonaro que a extrema direita diz que 'é o jeito dele' e que a esquerda tem pudores para explorar como se deve". Se você chegou a este ponto do livro, já deve ter entendido como acho que devemos combater esses horrores: atropelando, indo pra cima. Esse caso, envolvendo menores de idade, não podia passar batido mesmo. Era necessário agir com veemência. E logo.

No dia seguinte, um domingo, peguei duas peças de roupa, arrumei um motorista e um segurança e fui para São Sebastião, a cidade do Distrito Federal na qual Jair Bolsonaro teria se engraçado com as adolescentes vene-

---

[16] www.youtube.com/watch?v=WxeBKaQSBFw

## DESESTABILIZANDO JAIR BOLSONARO

zuelanas. A primeira parada foi diante de um letreiro da cidade. Saí do carro, tirei uma *selfie,* voltei para o carro. A segunda parada foi na porta do Ministério Público. Troquei de camisa, saí do carro, tirei outra *selfie*, voltei para o carro e retornei a Brasília.

Passados alguns dias, o assunto não saía das redes e das manchetes dos jornais, desdobrava-se sozinho, sem que eu precisasse fazer nada. Quase uma semana depois da minha viagem a São Sebastião, quando senti que a pauta começava a esmorecer, avisei aos membros do meu grupo de Telegram que daria um treinamento de redes sociais via link privado. Pedi discrição a todos e prometi dizer coisas confidenciais. Pedir discrição para 120 mil pessoas que estão em um grupo de Telegram? Nem se eu fosse a pessoa mais inocente do Brasil.

Havia entre 7 e 8 mil pessoas assistindo ao treinamento em que passei orientações básicas de redes sociais para a militância. Antes de encerrá-lo, contudo, falei que muitas revelações estavam por vir antes do fim da campanha. E aí, como se eu estivesse pensando alto, disse algo como: "É crime com menores, acusação de estupro... Enfim, vamos lá que vocês ainda vão ver muita coisa."

Algumas horas depois, escrevi "Janones" e "São Sebastião" na busca do Twitter  Gostaria de dizer que

## JANONISMO CULTURAL

fui surpreendido pelo que minha pesquisa mostrou, mas, depois de ver os bolsonaristas morderem iscas em série, a verdade é que foi até com naturalidade que encontrei ao menos umas dezenas de tuítes de contas obscuras dizendo que eu estava armando alguma coisa em São Sebastião contra Jair Bolsonaro. Percebi que aquilo tinha um potencial único de desestabilizar o então presidente. Por isso, resolvi ficar mais uns dias em silêncio, guardando o assunto para os últimos momentos antes da votação.

Foi só em 26 de outubro, faltando quatro dias para o segundo turno, que enviei pelo Telegram aquela foto tirada em frente ao Ministério Público: "Bom dia! Hoje o dia promete." Foi o que bastou. Às 11h, Carla Zambelli — que teve todas as suas redes bloqueadas judicialmente — publicou um vídeo em que dizia que eu estava em São Sebastião naquele momento tentando coagir "as meninas da Venezuela". Curiosamente, no momento exato em que ela fez essa publicação, eu estava confortavelmente sentado no meu sofá sendo filmado pelo pessoal da série *Extremistas.br*. Eu ainda não tinha feito nenhuma declaração pública sobre o assunto, mas ela já estava inventando coisas, que é o que faz de melhor.

Em vez de desmenti-la, às 15h despejei um pouco mais do seu próprio veneno no Twitter: "O mundo é

## DESESTABILIZANDO JAIR BOLSONARO

bão, Sebastião, o mundo é bão, Sebastião, o mundo é bão, Sebastião, o mundo é teu, Sebastião!" Segui provocando, alimentando a angústia deles, até que no dia 28, às 10h, finalmente publiquei no Twitter a foto em frente ao letreiro de São Sebastião: "Missão cumprida: depoimentos, gravações, testemunhas e provas incontestes e IRREFUTÁVEIS!! Agora bora levar tudo pra SP porque a noite promete!"

Fiz eles de otários. Nesse e nos outros tuítes não dei nomes, não disse de qual assunto estava falando, não acusei ninguém de nada. Em uma das publicações, escrevi algo assim: "A coisa é mais feia do que parece, tem pedófilo aí que, além de pedófilo, é estuprador." Só isso, sem contexto, sem explicações. Esse tuíte não significaria nada em nenhum outro momento, mas naquelas semanas o Brasil só falava do "pintou um clima". Ligar os pontos ficava fácil. Até uma repórter da GloboNews me ligou para saber por que eu estava dizendo que Jair Bolsonaro era pedófilo. Pedi que ela lesse meu tuíte outra vez. Em nenhum momento havia citado Jair Bolsonaro.

Os bolsonaristas, que tanto odeiam as vacinas, acabaram criando e aplicando uma vacina para uma doença que não existia. Pensaram: "Vamos nos preparar para quando saírem as denúncias dos familiares das

## JANONISMO CULTURAL

meninas", mas isso nunca existiu. Para variar, era só eu os entretendo. Até vídeo com um suposto venezuelano que mal falava espanhol foi produzido para dizer que eu havia tentado suborná-lo. Eu me pergunto: será que Carla Zambelli se preocuparia tanto caso ela não achasse possível seu chefe ser estuprador e pedófilo?

Entre os dias 26 e 30 de outubro, os soldados mais fortes do bolsonarismo tentaram descobrir o que eu iria fazer. Teci uma teia de insinuações para distraí-los e os deixei falando sobre o assunto. Quanto mais eles falavam, mais tempo o tema permanecia em evidência e mais votos Jair Bolsonaro perdia. Na reta final da campanha, a principal ocupação de Ricardo Salles, Carla Zambelli, Rodrigo Constantino, Carlos Bolsonaro, Gigolô da Jequiti e afins foi inventar desculpas para o que o próprio chefe havia dito. Jair Bolsonaro realmente disse que "pintou um clima" com meninas de 14 e 15 anos, e isso a parcela sã da sociedade acha inadmissível.

Para meu desespero, no meio desse episódio em que Jair Bolsonaro apanhava de todos os lados, a esquerda começou a deslocar a pauta para notas de repúdio sobre agressões sofridas pela ministra Rosa Weber, que havia sido xingada de "bruxa", "vagabunda" e "arrombada" por Roberto Jefferson, o homem-granada. É claro que esses xingamentos são um absurdo, mas a ministra do

## DESESTABILIZANDO JAIR BOLSONARO

Supremo não deve ser conhecida nem por 10% da população brasileira. Naquele momento, faltando pouquíssimos dias para a campanha, a prioridade era fazer com que as pessoas não esquecessem que Jair Bolsonaro era um potencial assediador de menores de idade.

Nas redes sociais você precisa ser sábio, precisa saber que o tempo e o espaço são limitados. Se eu for me manifestar sobre tudo que é importante, vou travar minhas redes. Mais de três tuítes por dia e Elon Musk já começa a limitar a entrega das publicações. Se você está dentro de uma novela bem-sucedida, deve fazer de tudo para manter aquele assunto em evidência. Você precisa escolher sobre o que vai falar. Não dá para ter múltiplas prioridades, ainda mais em uma campanha. É questão de estratégia. Apenas uma pessoa pode falar sobre qualquer assunto: o presidente da República. Como se viu, contudo, só não é recomendado que um dos assuntos seja o próprio assédio a adolescentes.

Bolsonarista morre pela boca. Fato. E, àquela altura, só faltava uma surpresa vinda diretamente do posto Ipiranga. Paulo Guedes abriu a boca para falar aquele monte de bobagens bem típicas dele, e só faltou embrulhar nosso presente de encerramento da campanha.

## JANONISMO CULTURAL

"Desindexação" era o termo pelo qual os algoritmos do Twitter haviam se apaixonado naquele dia 20 de outubro. Ele tinha acabado de ser usado pelo então ministro da Economia em uma entrevista sobre medidas futuras do governo. Pensei: "Desinde... o quê? Que porra é essa?!" Se eu não tinha entendido direito, tinha certeza de que um monte de gente também não. O que sempre faço nessas horas é buscar ajuda. Ouço o máximo de opiniões e explicações sobre o tema, mesmo que divergentes, para então formar meu juízo e traduzir para meus seguidores do Facebook.

Sou um advogado que estudou muito para passar no exame da OAB e dar uma vida mais digna à minha família, mas que, como toda pessoa com uma história pessoal de carência socioeconômica, tem lacunas de formação. Enquanto os filhos da classe média estavam fazendo aula particular de inglês, eu estava vendendo sorvete na praça. Por isso, não me envergonho de dizer que existem assuntos que simplesmente ainda não domino apesar de eu seguir em constante estudo. Economia é um deles. Toda hora aparece um termo de que eu nunca ouvi falar antes, embora esteja em constante qualificação.

Quem me ajuda muito nesses casos é o economista Eduardo Moreira, o mesmo amigo que havia feito a

## DESESTABILIZANDO JAIR BOLSONARO

ponte entre Gleisi Hoffmann e eu lá no começo da campanha. Para mim, ele é referência máxima na hora de traduzir economês, sempre uma bússola. Naquele dia, abri o canal do YouTube do Instituto Conhecimento Liberta, que tem Eduardo como um dos fundadores, e lá estava ele falando ao vivo sobre "desindexação". Depois, pelo telefone, Eduardo me confirmou: aquela era a bomba que iria definir a eleição.

— Eduardo, vamos falar na linguagem mais popular possível. O que você está me dizendo é que, na prática, salário mínimo, aposentadoria e pensões vão diminuir em 2023?

Ele me respondeu que em resumo era isso mesmo, porque, de fato, o poder de compra das pessoas ia cair. Eu ainda estava incrédulo quando, depois de alguns minutos, ele me ligou com mais uma informação:

— Janones, eu fiz um cálculo aqui. Se o salário mínimo tivesse sido desindexado da inflação em 2002, hoje ele seria de 450 reais.

Desliguei calmamente. Coloquei o celular de lado e surtei. Putz! O que eu estava esperando para abrir uma *live* no Facebook gritando: "BOMBA! URGENTE!"? Coloquei uma pasta da Câmara dos Deputados debaixo do braço, chamei segurança, motorista e fui para a porta do Ministério da Economia. Desci com o celular na mão e comecei:[17]

— Pessoal, tô aqui saindo de dentro do Ministério da Economia com uma bomba para vocês! Essa é a fala mais importante da minha vida. AGORA É OFICIAL! Paulo Guedes acaba de declarar e confirmar que vai reduzir o valor das aposentadorias, das pensões e do salário mínimo!

Por algum motivo, economia é o assunto que mais tem termos complicados. Ou seja, em um país em que apenas cerca de 10% das pessoas sabem ler, escrever e interpretar o que leem plenamente, a parte mais atingida pelas decisões econômicas do governo simplesmente fica alheia ao debate. E, em vez de simplificar, tenho a impressão de que a imprensa, os formadores de opinião e os responsáveis pelas políticas públicas fazem questão de tornar tudo mais difícil. E o que acontece quando eu traduzo "desindexação" por "diminuição"? Há quem fique escandalizado e diga que eu rebaixo o debate. Rebaixar o debate é não deixar que as pessoas participem dele! Isso aqui, afinal, é ou não é uma democracia?

Com essa *live*, em que digo em português claro o que aconteceria se Jair Bolsonaro fosse reeleito, dei mais

---

[17] www.youtube.com/watch?v=AaMwcvy_ZiU

## DESESTABILIZANDO JAIR BOLSONARO

votos para Lula do que juntando tudo o que eu tinha feito até então. Esse foi o maior viral da campanha. Em 2022, foi meu vídeo que mais repercutiu desde o lançamento da minha própria campanha. Deve ter dado entre 5 e 7 milhões de visualizações nas minhas redes, mas arrisco dizer que chegou a 50 milhões somando todas as páginas de todas as redes. O vídeo foi tão importante que acabou sendo usado no programa de TV de Lula.

Sempre faço uma avaliação posterior das minhas ações e posso dizer tranquilamente que em nenhum momento acho que exagerei nas tintas durante essa *live*. Em determinado momento da transmissão até expliquei que era o "valor real" do salário que diminuiria. Acho que minha participação foi essencial para colocar os mais pobres a par dos planos econômicos de Jair Bolsonaro, uma vez que a imprensa se mostrava completamente incapaz de levar a pauta para o grande público.

Um vídeo feito pela fotojornalista Gabriela Biló me marcou bastante. É uma das minhas imagens preferidas: em um *self-service* na Vila Planalto, em Brasília, Jair Bolsonaro e Paulo Guedes assistem ao programa eleitoral do PT frente a frente, justo quando eu apareço na porta do Ministério da Economia falando sobre a desindexação. A câmera filma alternadamente meu rosto na televisão e o de Jair Bolsonaro no restaurante. Dá para ouvi-lo reclamar com Paulo Guedes, dizendo: "Você fala com a imprensa, mas eles não publicam nada." Fico me perguntando se naquele momento ele já tinha percebido que ia ser derrotado — porque eu já tinha certeza absoluta disso.

# 12. O celular de Bebianno

Estávamos no debate da Globo, o último antes do segundo turno, e a cada intervalo Jair Bolsonaro perguntava à sua equipe se eu tinha publicado alguma coisa nova no Twitter. Além das novelas de São Sebastião e da desindexação, eu vinha ameaçando o bolsonarismo com uma história manjada: o celular de Gustavo Bebianno, amigo de Jair Bolsonaro e ministro da Secretaria-Geral da Presidência nos dois primeiros meses de 2019 que morreu em 2020, deixando para trás um celular supostamente recheado de informações que poderiam colocar 01, 02, 03, 04 e o pai deles atrás das grades. Apesar de jamais ter chegado perto desse mítico aparelho, insinuei que havia tido acesso a ele. Só para atormentá-los mais um pouco.

Horas antes de o debate começar, publiquei uma foto minha segurando alguns papéis. A legenda dizia:

## JANONISMO CULTURAL

"Tá tudo na mão do Pai, agora é com ele. Seja o que Deus quiser!" O que Jair Bolsonaro temia? Que eu tivesse entregado documentos sobre Gustavo Bebianno para Lula às vésperas do último debate. Até eu me impressionava com minha capacidade de mexer com eles. Jair Bolsonaro chegou a pedir que a Justiça determinasse a exclusão de todas as minhas redes sociais, uma vez que minha atuação na campanha estava causando efeitos psicológicos negativos nele. Para ficar comovido assim, o celular de Gustavo Bebianno só podia ter conteúdos altamente comprometedores. Não sei se isso ajudou em alguma coisa, mas fato é que Lula foi muito bem naquele debate. A vitória estava consolidada.

No sábado, véspera da eleição, Gleisi Hoffmann me mandou uma mensagem perguntando se eu poderia acompanhar Lula na votação. Se eu poderia? Eu seria muito grato por ser testemunha da história do país. O encontro estava marcado para 8h, na casa do presidente. Mercadante e eu fomos dos primeiros a chegar. Marina Silva, Fernando Haddad, Márcio França, Geraldo Alckmin... Não vou lembrar de todo mundo que estava lá. Eram umas 15 pessoas.

Quando entramos, Lula estava na sala e imediatamente começou a falar da eleição. Para ele, aquela tinha sido a campanha mais estranha já vivida. Não

O CELULAR DE BEBIANNO

tinha como saber o que aconteceria, nada havia abalado significativamente as intenções de voto. Seria uma disputa acirrada. O país estava cindido. Lula então fez uma pausa, colocou a mão no pescoço, puxando de leve a pele — um gesto com o qual eu já estava acostumado e que significava que ele estava refletindo —, e concluiu:

— Nós vamos ganhar a eleição hoje com diferença pequena, talvez a menor diferença da história da nossa República. Vamos ganhar com menos de 3 milhões de votos de diferença.

A votação foi rápida, como costumam ser as votações em urna eletrônica, e logo já estávamos voltando para a casa do presidente. Ao chegar lá, ele me convidou para entrar novamente. O grupo de visitantes tinha diminuído. Na varanda só estavam Guilherme Boulos e outras poucas pessoas. Sentei-me. Lula me perguntou se eu aceitava uma cervejinha. Não bebo, mas resolvi abrir uma exceção. Naquele dia ia beber uma.

O clima era de conversa e análises. Eu quis saber por que Jair Bolsonaro só crescia entre os mais ricos e Lula, entre os mais pobres. Quer dizer, a mesma elite que me chama de barraqueiro queria eleger o tosco do Jair Bolsonaro como presidente do país. Votava em pessoas como Carla Zambelli, que, de pistola na mão, perseguiu um homem negro em um dos bairros mais famosos de São Paulo um dia antes da eleição. Como isso pode ser aceitável?

— Janones, a motivação nunca é o ato em si, sempre quem o pratica. Se fosse eu ou você fazendo isso, aí sim eles achariam um absurdo.

Eu nunca tinha parado para refletir sobre isso que Lula disse. Não tenho problemas em admitir que sou muito verde em alguns assuntos e percepções. Para mim, os mais ricos simplesmente não gostavam da minha comunicação, era uma questão de gosto. Foi só depois dessa conversa que entendi que não é que eles não gostem do que faço, eles não gostam do que represento.

Durante muito tempo, não soube sequer responder se eu era de direita ou de esquerda por conta das lacunas que meu contexto humilde me trouxe. Quando acordo todos os dias, meu único pensamento é ser o melhor possível para que outros "ninguéns" conquistem as coisas que conquistei na vida. Nunca negociei ministério com Lula, em nenhum momento pedi cargo em troca do meu apoio. A única coisa que espero é ser um ótimo deputado federal, representar bem meu eleitorado, ser sua expressão em Brasília e, principalmente, defender a democracia. Para meu alívio, o presidente, mesmo antes dos eventos antidemocráticos de 8 de janeiro, sabia que lidar com a oposição seria um dos maiores desafios de seu governo:

— Nos próximos anos, nós vamos enfrentar um cenário que nunca foi enfrentado por ninguém. Vamos enfrentar uma oposição que está nas ruas, uma oposição militante. Não vai ser um governo fácil, nós vamos precisar unir todo mundo.

Na varanda da casa de Lula, as horas começaram a passar e o pessoal foi embora. Ficamos só nós dois e ele se soltou. Contou muitas histórias e deu conselhos. Falou muito sobre a importância de sempre manter as pessoas queridas por perto, de valorizá-las.

Já perto do almoço, quando eu começava a me despedir, ele perguntou se eu gostava de ser deputado. Como respondi que sim, ele me deu outro conselho. Disse para eu não ficar muito tempo na Câmara, porque depois de muito tempo naquele ambiente o jogo da política começa a afastar a pessoa do objetivo de trabalhar pelos pobres e resolver os problemas do país. Por fim, com muito carinho, falou que, se eu pretendia conhecer o Brasil, não poderia ser sedentário:

— A gente precisa estar forte. Faça sempre exercício físico. É seu corpo que vai dizer o que você pode e não pode fazer na vida.

Por trás da batalha política que travamos nas redes, o que nos diferencia de Jair Bolsonaro é que agimos com amor e ele, com ódio. O ódio é o caminho mais fácil e, infelizmente, muitas vezes tive de combatê-lo por essa via. O caminho do amor também desperta engajamento, mas é um caminho mais longo. Exige-se uma construção anterior. Poucas pessoas conseguiriam dominar a pauta das redes pelo caminho do amor. Lula conseguiria. No caminho do ódio é muito fácil conseguir repercussão, engajamento. Qualquer um consegue, até o pior dos brasileiros.

Fui eficaz no meu combate à extrema direita em uma campanha com começo, meio e fim. Mas não acredito que seja saudável institucionalizar o Janonismo Cultural, mantê-lo como estratégia de comunicação ao longo de todo um mandato. Como fazer frente à constância e ao intimismo da mobilização bolsonarista? Qual é a solução? Se eu tivesse a resposta, contava para os americanos, os franceses, os italianos, os ingleses, para todos aqueles que estão sob a ameaça da extrema direita.

Uma das questões centrais do nosso tempo é como conciliar a inevitável rapidez das redes sociais com a necessária lentidão da ordem democrática. A construção das instituições e os mecanismos de controle que garantem a democracia são processos lentos por natureza. Por que os apoiadores de Jair Bolsonaro não são militantes, mas membros de uma verdadeira milícia digital? Porque eles não ligam para a democracia, obedecem a comandos sem questionamentos. Eu defendo uma comunicação centralizada, uma voz de comando que dite pautas importantes, mas mesmo assim é preciso abrir espaço para o contraditório.

Outro dilema é que as redes sociais só valorizam a figura do herói, do *influencer*, do mito (e vão se aprofundar cada vez mais nisso). Enquanto a democracia privilegia as instituições, as redes estimulam o personalismo e beneficiam o indivíduo que se vende como salvador da pátria. É o lugar da *selfie*, do *post* em primeira pessoa, da exposição da vida em seus aspectos mais íntimos. Depois de ler este livro, você já deve ter entendido que essas são as regras básicas de qualquer rede social. Como conciliar isso com a democracia?

Não tenho soluções, mas tenho uma opinião. Não gosto de usar a palavra regulação, porque lembra censura. Mas é preciso criar uma legislação extremamente punitiva para quem produz *fake news* e quem ataca a democracia. Claro, talvez seja possível melhorar um pouco as coisas convencendo as pessoas de que elas precisam checar a informação antes de publicá-la. Mas essa não é a solução. Como eu disse diversas vezes,

## JANONISMO CULTURAL

o campo democrático também precisa aprender a se comunicar, descer do salto alto.

Voltando ao dia da eleição, fiquei na casa de Lula até quase 13h. No fim da tarde, era chegado o momento de ir para o hotel onde o presidente acompanharia a apuração. Eu estava confiante, mas com medo. Antes de a contagem de votos começar, combinamos que só iríamos publicar o vídeo da comemoração quando Randolfe Rodrigues — que é muito CDF e tinha um acompanhamento metódico da situação — nos garantisse que tínhamos ganhado. Oficialmente nossa festa começou só uma hora depois da confirmação da vitória pela Globo.

Ao sair da sala onde Lula acompanhava a apuração, vi Pepe Mujica, ex-presidente do Uruguai. Ele já estava lá para a comemoração. Naquela noite, só falei com Lula uma vez, horas mais tarde, quando ele estava descendo do carro de som na avenida Paulista. Só para não perder o costume, pedi a ele uma foto. Uma *selfie*.

Copyright © André Luis Gaspar Janones, 2023

Todos os direitos reservados. É proibido reproduzir, armazenar ou transmitir partes deste livro, através de quaisquer meios, sem prévia autorização por escrito.

Texto revisado segundo o Acordo Ortográfico da Língua Portuguesa de 1990.

Direitos desta edição adquiridos pela
EDITORA CIVILIZAÇÃO BRASILEIRA
Um selo da
EDITORA JOSÉ OLYMPIO LTDA.
Rua Argentina, 171 – Rio de Janeiro, RJ – 20921-380 – Tel.: (21) 2585-2000.

Seja um leitor preferencial Record.
Cadastre-se no site www.record.com.br
e receba informações sobre nossos
lançamentos e nossas promoções.

Atendimento e venda direta ao leitor:
sac@record.com.br

| CIP-BRASIL. CATALOGAÇÃO NA PUBLICAÇÃO | |
| SINDICATO NACIONAL DOS EDITORES DE LIVROS, RJ | |
| --- | --- |
| J36j | Janones, André |
| | Janonismo cultural : o uso das redes sociais e a batalha pela democracia no Brasil / André Janones. – 1. ed. – Rio de Janeiro : Civilização Brasileira, 2023. |
| | ISBN 978-65-5802-109-4 |
| | 1. Brasil – Política e governo – Séc. XXI. I. Título. |
| 23-86255 | CDD: 320.981 |
| | CDU: 32(81) |
| Gabriela Faray Ferreira Lopes – Bibliotecária – CRB-7/6643 | |

Impresso no Brasil
2023

*O texto deste livro foi composto em
Garamond Pro, em corpo 12/17.*

*A impressão se deu sobre papel off-white
pelo Sistema Cameron da Divisão Gráfica
da Distribuidora Record.*